Arqueologia dos Prazeres

Arqueologia dos Prazeres

OBJETIVA

Coleção Filosófica

Arqueologia dos Prazeres

Fernando Santoro

OBJETIVA

A Fernanda, minha fonte.

Sumário

Agradecimentos

Este livro começou a ser gestado quando Mirian Goldemberg, colega e amiga inestimável, me propôs realizarmos juntos um curso no Instituto de Filosofia e Ciências Sociais da UFRJ (IFCS), reunindo uma turma de antropologia e outra de filosofia. Preparamos durante um ano, em proveitosas reuniões quinzenais, uma leitura da *História da Sexualidade*, de Michel Foucault. O nosso curso, em 2005, versou sobre o segundo livro da obra: "O Uso dos Prazeres"; Mirian trouxe ao curso suas pesquisas de campo no domínio da sexualidade brasileira contemporânea, especialmente no que concerne aos depoimentos sobre o adultério; eu comprometi a turma de filosofia a pesquisar nas bibliotecas da universidade todas as fontes gregas utilizadas por Foucault, de que resultou uma espécie de anexo com todos os trechos a que ele fazia referência, e um vasto repertório bibliográfico clássico especialmente útil. A Mirian eu devo um agradecimento sem limite por esse impulso original, sem o qual eu não teria enveredado teoricamente por esse campo do saber. Agradeço também à turma de estudantes do IFCS que seguiu nossos cursos e trouxe-me a primeira recepção do tema, além da contribuição para a pesquisa bibliográfica que citei.

O segundo agradecimento especial é para minha querida Nigge Loddi, consultora da Casa do Saber, que me convidou para dar um curso de seis lições, cujo título já foi precisamente este "Arqueologia dos Prazeres", no qual desenvolveu-se o que seria a espinha dorsal deste livro. Agradeço também aos estudantes que seguiram este curso e trouxeram-me a segunda onda de recepção ao tema.

O terceiro agradecimento fundamental vai para minha editora, Isa Pessoa, que antecipou naquele curso este livro e o tornou efetivamente possível. A Isa devo o empenho e a concentração que jamais antes me cativaram tanto na redação de um texto de filosofia. E agradeço antecipadamente aos meus leitores, pela terceira onda de recepção que me vão trazer.

Agradeço também os sinais de Diotima, que me passou a adorável amiga Márcia Cavalcante Schuback, em conversas sempre deliciosas.

O último e constante agradecimento vai para toda a equipe do Laboratório OUSIA de Estudos em Filosofia Clássica, do Programa de Pós-Graduação em Filosofia da UFRJ. A prontidão dos pesquisadores em me auxiliar no que fosse preciso foi de imensa valia, particularmente José Mauricio, Luiz Otávio, Helena Ribeiro, Felipe Gonçalves, Gláucio Delaia e, no esforço maior da reta final, Carlos Lemos.

Introdução

O menino completou a taça de Sócrates com o vinho temperado por Erixímaco. O filósofo verteu outra vez a mistura lentamente na garganta, que ainda estava quente do discurso pronunciado. Do outro lado da sala, despontava Alcibíades, que chegava tarde ao banquete de Agatão. Retivera-o a festa dos atores e do coro, que também resolveram estender por mais um dia as comemorações pelo sucesso da sua tragédia. Um tanto distraído pelo que já bebera, Alcibíades demorou alguns instantes para encontrar o anfitrião e, reclinado ao seu lado, Sócrates. O ciúme acendeu-se no sangue já bem aquecido pela bebida, mas o belo rapaz conteve o seu ânimo, estendendo-se no leito junto aos dois varões. Apenas inteirou-se das regras estabelecidas para as bebidas e as falas naquele convívio, e pediu a palavra para, por sua vez, fazer seu elogio ao Amor. No vinho apareceu a verdade.[1]

Que os gregos falaram e praticaram os prazeres como nenhuma outra cultura do Ocidente, isso aceitamos sem muita discussão. Logo nos vêm à lembrança narrativas e descrições de lautos banquetes regados a vinho forte, com amigos reclinados nos leitos em que Eros e Afrodite são festivamente cultuados, com hinos e flautas e cítaras. Xenófanes, Platão, Xenofonte, entre outras fontes clássicas, nos trazem seus entusiasmados ou carrancudos testemunhos. Também contribuem para nossa opinião os tantos mitos de deuses e deusas, alimentando-se de ambrosia e néctar, rindo ao contemplar de suas olímpicas alturas as desventuras e estultices dos homens cá embaixo. Heróis e heroínas convivem nas sagas homéricas em ambiente de jogos, de fartas refeições comunitárias, de ares nebulosos propícios à sedução. A poesia épica, servida quotidianamente para a educação dos jovens e lembrada sempre que se requer um exemplo de virtude e nobreza, faz aflorar as sensações em múltiplos tons e harmonias e ritmos e cores. As imagens nos vasos, afrescos e estátuas mostram os corpos de membros bem delineados, em seus gestos ágeis, decididos, ou em suaves curvas, de deleite e sedução. As descrições dos êxtases e transes dos coreutas e das bacantes, entusiasmados por possessões dionisíacas, contagiam-nos de seu frenesi e de sua embriaguez. As vozes ecoadas das pítias, nas cavernas dos santuários apolíneos, nos lançam em mundos oníricos com seus símbolos enigmáticos. Toda a aura transmitida pelas musas gregas nos induz a crer que o mar Egeu acariciava com ondas espumosas todos os poros por que os gregos sentiam os prazeres.

Que os gregos tenham discutido amplamente sobre os prazeres, disso também não duvidamos, mesmo antes de conhecer seus valiosos testemunhos em diferentes campos do saber. E que os filósofos tenham desempenhado um papel fundamental na condução desta discussão, também isso aceitamos com docilidade — afinal, não discutiram eles todos os aspectos da vida e da alma humana? Porém, para repor a discussão em bases mais apropriadas, precisamos inicialmente suspender dois preconceitos que costumamos ter para com a filosofia e para com os gregos.

O primeiro preconceito diz respeito à compreensão de que a filosofia é um exercício exclusivamente mental, espiritual, transcendente, e que o filósofo é um tipo de homem que paira acima ou além de nosso mundo muito mundano. O segundo preconceito é o de que os gregos foram um povo totalmente hedonista e libertino, cujos costumes foram contidos apenas por sua conversão à pregação da inovadora metafísica platônica, consumada no povo pelo domínio cristão da moralidade.

A nossa investigação acerca da discussão dos gregos antigos sobre a problemática geral envolvendo os prazeres, a nossa *Arqueologia dos Prazeres*, quer investigar e mostrar um ambiente cultural bem mais vivo e mais complexo do que simplesmente o palco de todos os prazeres pagãos, observado por espectadores distantes, impassíveis, que buscam desinteressadamente saber e julgar — esses estranhos e extravagantes filósofos.

A filosofia dos gregos nunca deixou de ser vivida na experiência das práticas, e nunca foi um mero jogo de palavras abstratas, pronunciadas por observadores distantes. Nada menos grego do que elucubrações aracnídeas de anacoretas, dizia Nietzsche.[2] Para os gregos filósofos, idéias e princípios se demonstram com palavras, mas também com atos, sentimentos, sofrimentos, experiências, e não visam apenas a uma desprendida especulação, mas comprometem em cheio a totalidade de uma existência. Assim, a filosofia dos gregos nunca foi uma especulação transcendente, meramente argumentativa ou dialética, mas efetivamente realizou-se em atitudes e práticas. Bastava que um ato se fizesse em desacordo com as palavras e os princípios, para que o discurso de um homem fosse completamente desacreditado, e este sequer aspirasse a ser tomado como verdadeiro filósofo. Mais do que isso, muitos dos filósofos que participaram intensamente das discussões sobre os prazeres são lembrados e registrados na história tanto, e às vezes mais, por seus atos quanto por seus escritos. É o caso de Sócrates e de muitos filósofos de linhagem socrática, como Aristipo, Antístenes e Diógenes.

A discussão dos filósofos sobre os prazeres é, portanto, uma discussão muito vívida, quer dizer, vivida intensamente e experimentada em todas as suas conseqüências práticas. Disto resulta ser uma discussão sempre repleta de exemplos reais, ou, pelo menos, fartamente relatados pelas fontes históricas. Os exemplos tinham tamanha significância para certas fontes que podemos até suspeitar de que foram forjados para tornar a vida do filósofo a sua mais perfeita lição. As anedotas encontradas na obra doxográfica de Diógenes Laércio são sempre objeto de suspeição por parte da historiografia moderna e contemporânea, mas sem elas não teríamos uma parte significativa das posturas gregas frente aos prazeres. De modo que, para nós que queremos entrar na convivência destas posturas, pouco importa que sejam relatos de fatos realmente acontecidos ou relatos imaginados para melhor ilustrar as idéias. Que a idéia ganhe a imagem da vida, já nos é suficiente.

Quanto ao conceito comum acerca da total liberalidade dos costumes antigos, não passa de mais um mito romântico, como o da serena jovialidade helênica. Leitura de quem contempla as obras artísticas dos gregos de modo distante ou idealizado, e não lhes quer perceber as entranhas. Mesmo que, de fato, seja realmente essa a primeira impressão que eles nos deixam; esses gregos tão belos e harmônicos e sedutores e... enganadores.

A vida dos antigos não era um verão de férias em Santorini. Os poetas épicos igualmente descreveram, em seus comoventes cantos, as traições dos companheiros, as longas nostalgias das esposas, os prantos de amantes e de pais dos guerreiros mortos, as pestes sobre as naus e as cidades, variados castigos divinos lançados em vida ou, pior, as intermináveis torturas nas profundezas subterrâneas do Hades atormentando Sísifos e Tântalos. Os poetas trágicos irão adensar ainda mais essa experiência irrevogável do sofrimento e da morte, reunindo-as nas sagas das famílias amaldiçoadas. Os primeiros historiadores, como Heródoto e Tucídides, serão abundantes no relato das epidemias, das guerras e da violência dos tiranos. Os tratados médicos e as constituições das cidades buscarão limitar as dores e as violências, prescrevendo dietas, exercícios e drogas, instituindo medidas, restrições e punições. A prodigalidade dos gregos nas descrições das dores é tão abundante e variada quanto nas descrições dos prazeres. De modo que, por esse caminho, diríamos que são tão trágicos e cruéis quanto antes nos pareceram libertinos e joviais.

A séria discussão acerca dos prazeres sempre levou igualmente em consideração as dores e, especialmente, as angústias da morte. O fundo filosófico da discussão, seja no aspecto fisiológico, seja no ético, nunca separou a investigação e a valoração dos prazeres e das dores. Seja da parte dos defensores, seja dos que condenavam os prazeres, a dor sempre foi um argumento e uma experiência ora concomitante, ora de fundo ou de contraste. Porque, evidentemente, os gregos de modo algum foram unânimes em defender, elogiar e praticar os prazeres. A discussão acerca dos prazeres sempre envolveu uma arguta polêmica, não apenas entre defensores e detratores dos prazeres, mas também entre os que discutiam se eles eram todos bens, ou apenas parte deles, se eram uns entre outros bens ou, ainda, se eram a própria realização da felicidade.

Em nossa *Arqueologia dos Prazeres*, justamente o que nos interessa são as várias expressões que essa polêmica alcançou entre os filósofos. Ver como este seu desenvolvimento não apenas complexificou o problema, como também depurou algumas teorias e, sobretudo, as práticas em conformidade com elas. Não se trata de um desenvolvimento progressivo, até porque não tem muito cabimento falar em evolução histórica do estilo e do caráter, e estes contam muito na experiência estética e na valoração ética. Mas é manifesta, em algumas teorias posteriores, a referência a argumentos dos filósofos anteriores, como na exposição das discussões acadêmicas por Aristóteles. E percebem-se, também, linhagens e filiações de idéias e sentimentos, como, por exemplo, entre os cínicos e os estóicos. De modo que podemos entrelaçar momentos históricos dentro de uma narrativa de continuidades e rupturas muito próximas.

Todavia, ainda que as posturas dos filósofos gregos fossem totalmente isoladas e fora de qualquer linhagem genealógica, elas ainda mereceriam toda consideração e valor, pela forma íntegra e coerente com que apresentam e demonstram os princípios da reflexão sobre os prazeres. Justamente estas apresentações de princípios é que fazem do discurso dos antigos filósofos não apenas o interessante e original objeto de conhecimento histórico sobre decisões morais que instituíram nossa civilização e seus valores, mas o ensinamento sempre útil para nossas vidas, para nossas posturas e atitudes de todo dia. Uma investigação dos princípios é o que literalmente significa, em grego, a palavra arqueologia. E aqui convivem os dois sentidos de princípios: são os primeiros, no início da nossa cultura, e são os que dominam e fundamentam nossas ações e atitudes com relação aos prazeres.

Para efeito da discussão, apresentamos estes princípios segundo uma ordem cronológica não muito rígida dos filósofos que os pensaram, atendendo sobretudo a uma esquematização temática. Deste modo, começamos por recolher os princípios fisiológicos do prazer entre os primeiros filósofos da natureza (também chamados de pré-socráticos, físicos e fisiólogos). Algumas vezes, estes princípios, tal como o "limitado" e o "ilimitado", não aparecem numa reflexão diretamente ligada à discussão dos prazeres, mas serão tópicos importantes quando a discussão pertinente aparecer, de modo que os incluímos já desde o primeiro capítulo. De fato, a discussão acerca dos prazeres ganha o primeiro forte impulso com as palavras e ações de Sócrates. Paradoxalmente, estas alimentam tanto as correntes dos que defendem em graus variados os prazeres quanto aquelas dos que os condenam e rechaçam. A polêmica acontece e cresce entre os diversos discípulos de Sócrates e suas respectivas escolas.

Os socráticos mais fervorosos na querela sobre os prazeres foram Aristipo, um hedonista radical, fundador da chamada Escola Cirenaica de filosofia, e Antístenes, o primeiro filósofo da Escola Cínica, que via nos prazeres o princípio da fraqueza e da escravidão. A estes filósofos e suas escolas, dedicaremos o capítulo sobre a Erística, porque as atitudes e os argumentos acerca dos prazeres já aparecem em clima de forte disputa.

Platão vem a ser a fonte textual mais pródiga, tanto para a própria questão como para retratar a figura de Sócrates, além de tornar a questão mais complexa, não se satisfazendo com posições extremas de defesa ou acusação. Os seus diálogos, principalmente o *Banquete*, nos proverão as principais idéias que examinaremos no capítulo sobre a Erótica, em que a filosofia vai se deparar com os discursos sobre o amor e o desejo. O diálogo *Filebo*, no capítulo seguinte, vai apresentar-nos o tema da Catártica, em que serão discutidos os prazeres puros e impuros e as práticas e discursos depurativos. No capítulo sobre a Dialética, veremos como a discussão das posições presentes nos diálogos platônicos continua intensa na academia, com a disputa entre Eudoxo e Espeusipo. Mas neste, a fonte textual já é outra: a *Ética a Nicômaco*, de Aristóteles. No capítulo seguinte, trataremos da reflexão própria de Aristóteles sobre a Eudemonia, quando o prazer, com todas as depurações platônicas, acede ao estatuto da felicidade. Por último, veremos como a polêmica sobre o prazer continuou entre as filosofias morais que se propagarão no helenismo: de um lado, a Antiga Estoa, visto que guardados no recinto dos gregos, não vamos adentrar o estoicismo imperial romano nem sua repercussão na ascética da moral cristã; de outro lado, consumando a vida do prazer, o epicurismo como a realização terapêutica da prudência hedonista.

I — Mitologia

"Precisamos tentar, começando, quem sabe, pela própria Deusa, que Protarco aqui diz chamar-se Afrodite, mas cujo verdadeiro nome é Prazer."[3]
Platão

A origem da identidade dos gregos, sempre tão beligerantes e competitivos entre si, é miticamente narrada por Homero como resultante da campanha contra Tróia. Mas o que foi isto que pela primeira vez uniu os gregos sob um único comando? O mito começa com um acontecimento entre os deuses. Nas bodas de Peleu e Tetis, muitos nobres mortais e muitos deuses foram convidados, mas não foi convidada a Discórdia, porque ninguém a convida para um casamento. Mesmo sem convite, porém, ela chega. No casamento do rei dos mirmidões e da deusa marinha, a Discórdia trouxe para o banquete um pomo dourado. Aproximando-se da mesa onde estavam as deusas mais queridas, ela o ofereceu, dizendo: "Para a mais bela". Estavam na mesa Hera, Atena e Afrodite. Quem seria tão estulto de escolher uma em detrimento das outras duas? Chamaram Páris, um belo mortal, para dar seu juízo. Hera ofereceu-lhe o governo de Tróia. Atena, uma vida sábia e prudente. Afrodite ofereceu-lhe os encantos de Helena. Entre o bem da política, o bem da prudência e o bem dos prazeres, todos conhecemos a escolha de Páris.

O acontecimento dos deuses é paralelo ao que se faz entre os mortais. A belíssima princesa Helena é cobiçada por todos os nobres das várias cidades da Hélade. A situação é politicamente tensa porque tão logo seja escolhido um príncipe como marido, todos os demais cobiçarão a sua mulher e a situação de guerra estará lançada. O pai de Helena, Tíndaro, está acossado por este perigo e resolve tomar uma decisão diplomática: ele impõe a todos os pretendentes de Helena que selem um pacto como condição para concorrer à mão da bela. Todos os príncipes e reis acordariam em defender o tálamo de Helena, fosse quem fosse o escolhido. E se alguém ousasse atentar contra o seu casamento e o esposo escolhido, todos os demais se uniriam junto ao marido ofendido contra o desafiante. Os pretendentes selam o pacto. Menelau é o escolhido. A paz é mantida sob as juras do acordo.

Heitor e Páris, príncipes troianos, são convidados ao palácio de Menelau para estabelecer elos comerciais entre suas cidades. Páris enamora-se de Helena e, como estrangeiro ou apaixonado, desconhece o acordo diplomático-nupcial. Amparado pelos bons dotes de Afrodite, seduz a esposa de Menelau e a rapta consigo para Tróia.

Não fora o pacto, o marido traído seria apenas objeto de escárnio dos demais gregos. Mas Menelau sente-se no direito de invocar o acordo e convocar todos os gregos para uma expedição punitiva. Se o raptor fosse um grego, a ousadia ainda estaria circunscrita às freqüentes disputas entre as cidades gregas e, isolado, o traidor seria facilmente esmagado. Sendo estrangeiro, as proporções da guerra tomaram dimensões continentais: todos os gregos ocidentais unidos contra a rica Tróia e suas alianças orientais.

O objeto da disputa: os encantos de Helena. A causa do conflito: a sedução de Afrodite. Podemos dizer que a primeira vez que os gregos entraram em acordo foi por desejar a mais bela mulher, por desejar a mesma beleza e suas graças. Mas o que os levou unidos à guerra foi a vingança por uma arrogância do prazer.

II — Fisiologia[4]

"Natureza ama esconder-se."[5]
Heráclito

Os Sábios

A questão do prazer é um dos eixos cardeais da investigação filosófica grega. Se ela toma maior impulso com a problematização das virtudes pelos sofistas e, particularmente, por Sócrates, as raízes da questão, no entanto, infiltram-se fundo na cultura grega, e os princípios que a norteiam já aparecem entre os primeiros filósofos pré-socráticos. A história da filosofia tende a considerar como primeiros filósofos os que originalmente pensaram a Natureza (*physis*), talvez porque Aristóteles os chamou de físicos e de fisiólogos. Mas nas listas dos primeiros sábios — porque os gregos gostavam de listar os seus sábios, como cada cultura lista e venera os homens a quem dá valor —, nas diversas listas de sete sábios, não entravam apenas físicos, como Tales de Mileto, mas também poetas, como Museu e Orfeu, e legisladores, como Sólon de Atenas. E todos, sem exceção, eram conhecidos sobretudo por suas sentenças sobre as ações e a conduta humana.

Entre as sentenças dos sábios, o cuidado com os prazeres tinha grande importância e podia medir o valor moral e a fortaleza de um homem. Dois aspectos ressaltam dessas primeiras considerações sobre o prazer: o domínio sobre si e a realização de uma vida feliz.

O domínio sobre si, ou melhor, o domínio da mente (*nóos*) sobre o ânimo (*thymós*) e sobre o desejo (*epithymía*), revela o espírito de uma moral aristocrática. Este aspecto social ficará explícito na analogia que Sócrates utilizará, na *República*, de Platão, entre as três partes da alma e as três classes sociais: o desejo e as necessidades são supridos pelos produtores e artesãos, o ânimo se manifesta nos guerreiros, a mente nos filósofos guardiões. Na moral aristocrática, o nobre é senhor de si para ser senhor dos outros. Ser senhor de si equivale a ser um homem livre, e é livre quem não se submete ao outro por medo da morte ou por fraqueza de espírito. Quem não amolece ante carências e paixões e sabe resistir tanto na batalha quanto nos exercícios quotidianos do guerreiro. É célebre a resposta de Leotíquidas aos que perguntaram por que os espartanos bebiam pouco vinho: "Para que outros não decidam sobre nós, mas nós decidamos sobre os outros."[6] Contudo, a posição extrema dos lacedemônios não era seguida por todos os gregos, nem por todos os que viviam segundo uma moral aristocrática guerreira. Mais propalada ainda era a crítica que os demais gregos faziam ao rigorismo espartano. Um exemplo eloqüente é representado pela tragédia *As Bacantes*, de Eurípides, em que o legislador que proibira a entrada da corte de Dioniso acaba por sucumbir a uma loucura muito mais dilacerante e duradoura do que a daqueles que se embriagam de vinho.

O teor geral das sentenças sobre o domínio do corpo e a realização da temperança recai sobre a obtenção de uma medida adequada e de um equilíbrio entre as diversas partes da alma, que são igualmente partes do corpo. O pensamento é função dos olhos e da cabeça, às vezes até do pulmão de onde vem o alento das palavras. O ânimo pode vir do coração, dos pulmões, do fígado, do baço. A necessidade e o desejo vêm do ventre e do sexo, mas também podem ser atiçados pelos olhos. Equilíbrio orgânico entre as diversas partes que compõem a vida humana e boa medida entre o exercício de suas diversas funções. Os prazeres são ao mesmo tempo a expressão do bom funcionamento orgânico, de um equilíbrio geral, como são também fomentadores de cada função, de modo que um excesso de prazeres pode desencadear o predomínio de uma parte subalterna, desregrada, que não devia conduzir e dominar a totalidade da vida. Neste sentido, vêm as sentenças de Sólon: "Nada em demasia",[7] ou de Cleóbulo: "O melhor é a medida"[8] e "Ter domínio do prazer".[9] São sentenças orientadoras das virtudes da aristocracia guerreira, para que esta, tendo domínio de si, possa ser livre, forte e ainda exercer domínio sobre os que fraquejam.

Com certeza, as sentenças não propõem a abolição dos prazeres, mas tão-só o jugo dessa poderosa força incitadora. Nunca a destruição, mas a moderação. Não o excesso, mas o equilíbrio, a medida, a ocasião apropriada, os modos. Por isso, o uso dos prazeres requer um saber dos prazeres, um saber que pode regulá-los de acordo com o melhor. Os prazeres podem ser uma força perturbadora, mas apenas quando estão sem rédea, sem comando, sem seu cocheiro, para usar mais uma metáfora platônica.

Mas não é apenas no sentido de enfrentar os prazeres que perturbam a força e a ordem aristocrática da alma e podem deixar o homem escravo de si e de outrem, que aparecem as primeiras sentenças sobre os prazeres. Também há uma sabedoria orientada para o exercício de uma vida mais feliz, que percebe o potencial de sofrimento decorrente de uma incúria nos prazeres. Assim, também diz Sólon: "Foge do prazer que gera sofrimento",[10] porque há prazeres que podem gerar dores que não os compensam e, sobretudo, há medidas do que gera prazer que, ultrapassadas, passam a gerar dor. De modo que o saber ter domínio dos prazeres não é apenas um exercício de poder e liberdade, mas também pode ser um saber tanto moral quanto medicinal para melhor desfrutar a própria vida, otimizando seus prazeres e prevenindo as dores. Nestes saberes encontram-se orientações tanto de medidas, quanto de modos, ocasiões e idades, tal como na orientação atribuída ao pitagórico Árquitas de Tarento: "Muitas coisas, na vida de um homem, é melhor aprender mais tarde, entre as quais os prazeres afrodisíacos."[11]

Os poetas, que, pelo menos até Platão, sempre estiveram contados entre os sábios antigos, foram, sem dúvida, os grandes encomiastas dos prazeres. Especialmente os poetas líricos, que, tão longe dos mitos épicos como os filósofos, cantavam a experiência com os sofrimentos e os prazeres (muitas vezes misturados, como nos sentimentos vivenciados pela falta do amante). Orfeu e Museu nos encorajaram a "acolher a primavera do prazer".[12] Arquíloco, com seu realismo dórico, trazia sua experiência de que:

> Com prantos, não hei de me curar,
> nem ficarei pior me lançando aos prazeres e às festas[13]

e sua sabedoria sobre a diversidade das paixões na:

> ... natureza do homem, em que cada um conforta um coração diferente.[14]

Mas de todos, a mais refinada na lida com os prazeres, Safo:

> mais branca do que o leite
> mais do que a água, branda
> mais harmônica que as liras
> de mais ímpeto que um potro,
> mais do que a rosa, frágil
> mais leve do que um véu...
>
> Do que um tesouro, mais áurea.[15]

De fato, no que tange à sabedoria dos sentimentos de dor e prazer, não há diferença entre os poetas líricos e os primeiros filósofos. Quem suporia que fossem atribuídas ao astrônomo e físico Tales as seguintes palavras: "O mais prazeroso é alcançar aquilo que se deseja."[16]

Ainda não temos a polêmica sobre o valor dos prazeres, tal como ela vai esquentar a partir de Sócrates. Quando muito, encontraremos algumas palavras da pedagogia pitagórica sentenciando: "Os esforços são o bem; os prazeres, o mal."[17] Ou a atitude de Heráclito, desdenhando do gosto e dos valores do vulgo: "Os porcos se comprazem na lama mais do que na água pura."[18]

Os Físicos

Há, contudo, algumas abordagens do discurso fisiológico sobre o prazer especialmente dignas de reflexão, as quais, além de uma originalidade científica toda própria, ainda vão alimentar os hedonismos futuros, tal como será o de Epicuro. Trata-se do pensamento trágico de Empédocles e, sobretudo, da doutrina atomista de Demócrito.

Empédocles

Empédocles de Agrigento é um dos filósofos mais admiráveis e perturbadores da antiguidade, misto de poeta, cientista, filósofo e profeta redentor. É o primeiro a estabelecer conceitos importantes para uma teoria naturalista dos prazeres, como os de ímpeto e mistura, em uma concepção integrada à totalidade do cosmo. Esta concepção geral tem raízes na idéia de justificação do devir proveniente de Anaximandro de Mileto, que articulou os processos da natureza segundo as forças que ele chamou de injustiça (*adikia*) e justiça e expiação (*dike kai tisin*). Para Anaximandro, a geração e a desagregação acontecem "segundo o necessário; pois concedem eles mesmos vingança e expiação uns aos outros pela injustiça".[19] Empédocles fala do amor (*philotés*) e do ódio (*neikos*), como ímpetos agregadores e desagregadores da natureza, e acrescenta que cada coisa é uma mistura de quatro raízes (que Aristóteles vai chamar de elementos):[20] ígnea, aérea, aquosa, terrosa; as quais ele também nomeia como os deuses: Zeus, Hera, Nestis, Hades.

> Duplas (coisas) direi: pois ora um foi crescido a ser um só de muitos, ora de novo partiu-se a ser muitos de um só, fogo e água e terra, e de ar a infinita altura, e Ódio funesto fora deles, de peso igual em toda parte, e Amizade dentro deles, igual em comprimento e largura.[21]

Em tudo vigora o ímpeto natural (*ormé*), pulsão de amizade ou de ódio que faz mover continuamente as coisas da natureza. Nascimento e morte se alternam no agregar-se e desagregar-se dos elementos contidos em cada mistura (*krásis*). Cada coisa individual, cada tecido e corpo, é o resultado de uma certa proporção (*logos*) das raízes ou elementos, e conserva-se à medida que ela se mantém estável. Esta proporção da liga perfaz o estrato e o tecido dos minerais, das plantas, dos animais, de cada coisa do mundo. O que é nascimento para uma proporção de mistura é simultaneamente morte para outra.

> Outra te direi: não há criação de nenhuma dentre todas (as coisas) mortais, nem algum fim em destruidora morte, mas somente mistura e dissociação das (coisas) misturadas é o que é, e criação isto se denomina entre homens.[22]

Assim, a natureza perfaz continuamente seus ciclos, que retornam, repetidos em turnos de perecimento e crescimento das formas, que se alternam em homens e animais e outras espécies diferentes. É a teoria do Eterno Retorno, que fascinou Nietzsche, no século XIX. A expressão fisiológica da sabedoria de Dioniso, e das suas celebrações trágicas. Dioniso: o deus que morre e ressuscita. O deus dos ciclos agrícolas da semeadura e da colheita. O deus que aniquila a limitada individualidade na mistura do todo. Suas expressões rituais: a máscara que encobre o indivíduo, a embriaguez que o integra ao devir do mundo, a música das flautas e dos tambores que impõem o transe. Mas o que tem a sabedoria trágica a dizer sobre a fisiologia dos prazeres?

> Pois, destes, todos se constituíram harmonizados, e por estes é que pensam, sentem prazer e dor.
>
> Quanto se tornaram diferentes, tanto neles, sempre, o pensar diferentes (coisas) ocorre...
>
> Pois com terra vemos terra, com água vemos água, com éter divino, e com fogo aniquilante, afeição com afeição, e ódio com ódio lúgubre.[23]

Para Empédocles, tudo pensa, tudo sente e tudo sofre ou goza. Não apenas os homens e os animais, mas também as plantas e até mesmo os minerais. O filósofo não prescinde, nas coisas individuais, da presença das raízes (elementos), dos ímpetos, e da vitalidade que se revela como pensamento e sentimento. O que diferencia as coisas individuais é a proporção em que se dá a mistura; a inclinação ou direção dos ímpetos; e a complexidade do pensamento e sentimento. Tudo pensa porque tudo está continuamente aparecendo e se movendo, em alguma relação, em alguma direção. Tudo sente, porque, em seus movimentos, as coisas se interpenetram e se tocam. Tudo goza ou sofre, segundo a harmonia que se dá ou não nos encontros das coisas que sentem com as que são sentidas; e como tudo sente, o prazer ou a dor são sempre recíprocos entre elas. Mas como em todo movimento as coisas se tocam e se relacionam, os corpos simultaneamente pensam e sentem o que pensam, e gozam ou sofrem pelo que sentem e pensam. Não há pensamento nem sensação depurados de prazer ou dor. Não há separação de corpo e alma, porque todo corpo está em movimento e tem vida (*psyché*), ainda que para os indivíduos aconteça a morte e o nascimento. Mas toda morte é sempre nascimento, e todo nascimento, morte.

A dinâmica dos sentidos tem a complexidade dos encontros. Porque se tudo sente, isto não significa que todas as coisas são sentidas sempre, nem que as que são sentidas o são do mesmo modo. Os encontros entre os corpos se dão de modos diferentes, e com gradações de sutileza. O encontro pode ser grosseiro como entre duas pedras que se chocam, ou extremamente sutil como acontece com a visão. A complexidade maior de um ser vivo advém com sua capacidade de pensamentos e sensações mais sutis. A maior sutileza depende da maior capacidade de diferenciação que os sentidos podem alcançar. O corpo que sente mais diferenças é um corpo descrito fisiologicamente como um corpo poroso. Os poros, as passagens, a permeabilidade de um corpo tornam-no mais receptivo às impressões dos outros corpos em movimento, sobretudo os corpos mais sutis e que também se movem em fluxos ainda mais sutis. Os corpos mais sutis em movimento constituem eflúvios (*aporroai*) que podem ser percebidos e também dar a perceber outros corpos que os movem. Assim, pelos eflúvios suculentos se dá a conhecer o sabor do alimento; pelos eflúvios aéreos, o odor das especiarias; e pelos eflúvios de luz, a visão das estrelas. Segundo a interpenetração dos eflúvios pelos poros apropriados, dá-se uma sensação diferenciada.

Os poros têm variadas formas e tamanhos, de modo que um corpo muito sutil não será percebido se o poro for muito maior, mas tampouco haverá percepção se este for muito pequeno e não permitir passagem alguma. A percepção acontece quando há uma certa adequação entre o formato e a dimensão dos poros que sentem com os eflúvios e os corpos sentidos. É o que Teofrasto vai chamar de princípio de similitude, na sua esquematização das teorias sobre a percepção.[24] Também o prazer e a dor seguirão este princípio de similitude, mas não com relação aos formatos e dimensões, mas no que toca à proporção da mistura que constitui os corpos e cuja harmonia é a própria vida (*psyché*).[25] À medida que o corpo que toca e é sentido contribui para conservar e agregar o corpo tocado e que está sentindo, de modo a manter e fortalecer a sua proporção na mistura, gera-se o prazer. Neste caso os corpos são chamados de congêneres (*syggenés*). Por isso, quando temos sede ou fome e estamos em estado de alguma carência, satisfazer-se e preencher a falta nos proporciona prazer. É que, assim procedendo, restabelecemos a nossa medida, a nossa proporção vital. Mas, se nos excedemos nos objetos de satisfação, claro que perderemos novamente a nossa proporção específica e acabaremos por proporcionar mais dor do que prazer. Porque a dor é justamente o que nos afasta de nossa proporção e assim tende a nos desagregar, nos corromper. Temos, segundo a fisiologia geral da natureza dos corpos, uma teoria conseqüente e coerente para explicar o estado mais saudável e prazeroso como aquele que procura a medida na satisfação dos desejos.

Empédocles não foi apenas um teórico da natureza, mas também era médico e se propunha a usar seu saber natural não apenas para curar as doenças individuais, mas também as doenças coletivas. Estas doenças eram causadas sobretudo pelo ódio desagregador das fronteiras políticas. Sabemos que defendeu a democracia e foi desterrado pela reação oligárquica. A saúde civil que ele propunha também era do tipo que hoje chamaríamos de utopia política, mas nela integrava-se ainda um grande projeto profético que envolvia a totalidade do cosmo. Ele propôs, no seu poema das *Purificações*, o advento de uma lei cosmopolita para desarraigar a violência universal e alcançar o estado primordial em que:

> por toda parte igual <a si mesmo> e totalmente infinito,
> Esfero redondo, em solidão circunda gaudério.[26]

Para alcançar o gozo dessa harmonia universal, o mais poderoso instrumento e fármaco: a palavra que transporta. A palavra (*logos*) ela mesma a proporção (*logos*) que, harmoniosa, sedutora e mesmo mágica, pode providenciar o alívio das dores, e a saúde e o prazer. Assim, o filósofo e profeta conduzia de forma teatral, vestido com coroas de fitas e guirlandas floridas, uma multidão de seguidores. Em seu último ato espetacular, uniu-se apoteoticamente ao magma, precipitando-se na cratera em erupção do monte Etna.

Demócrito

Demócrito de Abdera é o elo entre as fisiologias antigas, de Empédocles e de Leucipo, que foi seu mestre, e as doutrinas sobre a natureza, de Epicuro. De fato, a maior parte das suas teorias naturais, que constituem a doutrina do Atomismo, aparece reportada e explicada pelo ateniense, mais do que qualquer outra fonte. Com os atomistas Leucipo, Demócrito e Epicuro vai aparecer não apenas uma explicação natural sobre o mecanismo de funcionamento do prazer, mas também a idéia de que o prazer é um certo limite a que tendem os seres vivos, não tanto como uma meta, mas como um estado de equilíbrio e acomodação mais vantajoso para a própria vida. Este estado de equilíbrio prazeroso é a felicidade que Demócrito chama de boa disposição (*euthymia*).

> Pois o prazer e o desprazer são o limite (das coisas vantajosas e desvantajosas).[27]

A teoria das sensações de Demócrito aperfeiçoa a teoria dos eflúvios de Empédocles, acrescentando a noção de vazio que o filósofo de Agrigento não admitia. A noção do vazio torna mais coerente a idéia do próprio movimento e também a dos corpos porosos, dentro da perspectiva materialista que orienta a escola. O universo é constituído de um lugar infinito em grandeza, também chamado de vazio (*kenon*) ou de nada (*mé on*), por onde se movem minúsculas partículas indivisíveis de formatos e tamanhos diferentes — os átomos. Os arranjos de átomos e espaços vazios entre eles constituem os corpos, mais sólidos e pesados quanto menos vazio há nos seus interstícios. Os eflúvios são fluxos de pequenos corpos ou de átomos e são percebidos pelas superfícies porosas por onde penetram.

> Por convenção existe o doce e por convenção o amargo, por convenção o quente, por convenção o frio, por convenção a cor; na realidade, porém, os átomos e o vazio [...] Nós, porém, realmente nada de preciso aprendemos, mas em mudança, segundo a disposição do corpo e das coisas que nele penetram e chocam.[27]

As sensações, para Demócrito, são convencionais e ilusórias, como para Parmênides e a tradição eleata, de modo que não se identificam nem com o pensamento nem com a essência do prazer. O prazer, para Demócrito, não é uma sensação passiva resultante da recepção de certos objetos de desejo, mas equivale muito mais a uma certa boa disposição do corpo e da alma e depende estreitamente do modo de conduzir a vida. Por isso, teremos a idéia original de que o prazer depende muito mais do domínio que a vida tem sobre o corpo e sobre si mesma. A originalidade é dupla: o prazer é mais um resultado ativo do que passivo, e o prazer não é subjugado pelo domínio de si, mas conquistado por ele.

> Todos os trabalhos são mais agradáveis que o descanso, quando se atinge o fim pelo qual se trabalha ou se sabe que será alcançado. Por ocasião de cada insucesso, porém, o trabalhar faz sofrer e penar.[29]

A compreensão da natureza, nos filósofos, é sempre coerente com a compreensão do modo como proceder com a vida. Como diz Nietzsche: "Todos os materialistas pensam que, se o homem é infeliz, é por não conhecer a natureza."[30] O homem sábio não tem por que ser infeliz. O riso contínuo de Demócrito tornou-se proverbial.[31] Talvez fosse apenas um desdém da tolice dos homens, e a dos seus concidadãos abderitas também era proverbial. Quem sabe, até um signo de distanciamento. Mas a predisposição com que ele fala do mundo é, ao menos para si, a de um homem de bem com a vida. O prazer com que se é feliz, para seu ânimo, é algo que se alcança com simplicidade. Pelo menos depende unicamente de nós. A natureza nos provê o suficiente, só por nossa estupidez é que deixamos escapar a fruição da vida e a felicidade.

> O melhor para o homem é levar a vida com o máximo de bom ânimo e o mínimo de desânimo.

> Assim seria, se sobre as coisas mortais não erigissem os prazeres.[32]

A simplicidade domina o estilo de Demócrito. Talvez a sua idéia da natureza determine o seu entendimento da ética ou, inversamente, como prefere Nietzsche, seja seu pendor ao ascetismo que o faça buscar um sistema natural que concentra toda a sua articulação em um mínimo de elementos conceituais, pouquíssimas leis necessárias, tudo perfeitamente coerente e claro, nada remetendo a forças enigmáticas ou ocultas. Um privilégio da avaliação quantitativa — traço pitagórico — e uma redução das diferenças qualitativas ao mínimo, em geral a um sistema binário, seja no plano natural, seja no ético. Mas não é um exagero chamar Demócrito de asceta? A medida e a moderação não são fins em si mesmas, mas formas de propiciar uma vida mais agradável e melhores prazeres. De livrar-se de preocupações inúteis. E, principalmente, obter tudo isso quotidianamente com os recursos que nos são disponíveis.

> Para os homens o bom ânimo vem a existir com a moderação de alegria e comedimento de vida. As coisas que faltam e as que sobram costumam sofrer mudanças e produzir na alma grandes comoções. As almas que oscilam entre pontos extremos nem são estáveis, nem animosas. Deves,

portanto, voltar o pensamento ao que é possível e satisfazer-te com o que está à mão, lembrando pouco dos que são invejados e admirados e sem ficar pensando neles continuamente. Deves, porém, olhar para a vida dos que pensam, refletindo sobre o que os faz sofrer muito, para que aquilo que tens à mão e aquilo que possuis te pareçam grandes e invejáveis e não mais sobrevenham, por desejares mais do que tens, sofrimentos para a tua alma.[33]

Para Demócrito, o prazer não se contrapõe à virtude mas é o resultado da vida virtuosa. E a vida virtuosa é simples porque é a mais conforme com a própria natureza. E natureza é, para Demócrito, antes de tudo, um princípio de auto-suficiência: ao natural não falta nada, nem sobra. O natural move-se pela necessidade de suas poucas leis. O movimento natural tende ao equilíbrio, sem alterações violentas. O sábio aprende a conduzir a vida de modo que ela assim seja melhor, para ele mesmo e para o seu entorno. A aprendizagem da condução da própria vida é primeiro uma aprendizagem sobre a natureza em geral, depois sobre a natureza dos homens, suas paixões e os desejos, mas consuma-se como um saber sobre si mesmo, um saber que não é teórico, mas se expressa nos próprios valores, nos desejos, nas disposições e nas ações.

> Corajoso não é apenas quem domina os inimigos, mas quem domina também os prazeres. Alguns são senhores nas cidades, mas são escravos de mulheres.[34]

O domínio sobre os prazeres, estar por cima deles, não é de modo algum uma abstenção ou uma extirpação, mas é o saber melhor fruí-los, pela medida, pela ocasião e pela escolha dos melhores prazeres. Pois o mau uso dos prazeres, a falta de domínio e de saber é o que nos impede de efetivamente gozá-los e o que torna a vida mais sofrida e infeliz. O mau uso dos prazeres começa justamente quando, não avaliando medida ou situação, nos tornamos escravos submissos ao objeto do desejo e este se faz senhor absoluto de nossas ações.

> Insensatos vivem sem gozar a vida.
> Insensatos desejam longevidade sem tirar prazer da longevidade.
> Insensatos desejam as coisas ausentes, mas desperdiçam as presentes ainda que mais valiosas que as passadas.[35]

O saber e ter domínio sobre os prazeres é, primeiro, um saber da quantidade, quer dizer, um saber da medida. E a medida que torna o prazer melhor é a medida da auto-suficiência. Uma medida que é alcançada com poucos recursos. Pois o que gera prazer é a satisfação da carência. O desejo excessivo, que ultrapassa a medida do suficiente, proporciona mais dor do que prazer, justamente porquanto não se satisfaz facilmente.

> A temperança aumenta as delícias e faz maior o prazer.[36]
> Para os auto-suficientes na alimentação nunca há noite curta.[37]
> A todos quantos produzem prazeres a partir do estômago, ultrapassando a medida oportuna na comida, na bebida ou no sexo, em todos estes os prazeres são curtos e duram pouco: o tempo enquanto comem e bebem, mas as dores são muitas. Pois o desejo por essas mesmas coisas está sempre presente e, quando acontece aquilo que desejam, rapidamente o prazer se vai, nada lhes resta de útil, senão o curto gozo e, outra vez, precisam das mesmas coisas.[38]

Saber a medida dos prazeres não os encurta ou diminui, pelo contrário, os multiplica na extensão da vida, torna-os mais constantes e duradouros, à medida que preserva a boa condição do corpo que os usufrui, e não deixa prevalecer as carências, as dores e os sofrimentos. A natureza ensina o limite da auto-suficiência aos seres vivos e mortais. Saber conservar o corpo sadio para a excelência da própria fruição é importante, mas ainda mais importante na sabedoria do comedimento é não deixar prevalecer o estado de carência. Se o corpo naturalmente necessita de pouco para se satisfazer, os desejos da alma, diferentemente, podem nunca ter fim. São estes desejos, portanto, os que nos podem tornar muito mais carentes e sobre os quais é necessário aprender a ter domínio para não sucumbir ao sofrimento. Porque pobreza e riqueza não são situações absolutas, mas dependem de nossa disposição: o homem de poucos recursos que se satisfaz com pouco é abastado, aquele que é muito provido mas deseja ainda mais é carente e sofre. Por isso, o homem mais maduro é também o mais moderado, porque a juventude ainda não educou os desejos e as paixões e age como se a vida fosse eterna e os recursos sem fim.

> O desejo de riquezas, que não é delimitado pela saciedade, é muito mais penoso que a miséria extrema, pois desejos maiores produzem maiores carências.[39]

Aqui aparece outra originalidade da perspectiva ética de Demócrito sobre os prazeres. A desmedida no uso dos prazeres não é causada pelo corpo, mas pela alma, diz Demócrito. É a alma quem costuma desregrar o corpo, são seus desejos, seus valores, suas memórias e projeções insensatas que lhe impingem o mau uso e vários sofrimentos por isso. O corpo é como um instrumento que precisa ser bem conservado e bem utilizado. A responsabilidade do bom ou do mau uso pertence à alma que o conduz. No fundo, a alma desregrada não é submissa ao corpo, mas é ela que lhe impõe a sua insensatez.

> Se o corpo instaurasse um processo contra ela pelas dores que padeceu e pelos maus-tratos que sofreu e se fosse eu o juiz da acusação, com prazer condenaria a alma, alegando que, de um lado, ela fez perecer o corpo por suas negligências e o exauriu com a embriaguez e, de outro, o destruiu e dilacerou com o amor do prazer, como se, estando um instrumento ou utensílio em mau estado, eu acusasse quem o emprega sem cuidado.[40]

Este discurso sobre a alma parece, à primeira vista, inadequado para um atomista, um materialista, mas não podemos esquecer que a alma, para Demócrito, também é material e constituída de átomos. Átomos muito pequenos, lisos e extremamente rápidos, capazes de mover os efluxos e as articulações dos corpos que ela anima. Assim, a alma é tão corruptível e mortal como todo corpo constituído de átomos. Mas no discurso ético, ainda prevalece o esquema tradicional de diferenciação entre corpo e alma; no entanto, visto que a alma também é um corpo, seria mais conveniente dizer entre um certo corpo que é o do ser vivo e outro que o move, a alma.[41]

Ainda outro aspecto importante no saber sobre os prazeres reside na sua escolha. Porque os prazeres todos não têm os mesmos valores e não são apropriados para todos os momentos da mesma forma. Se há belos prazeres é que há também prazeres que não são belos, isto quer dizer: prazeres que não são adequados a um homem nobre, um homem belo e bom. Há um bom gosto do prazer e o homem é sábio porque se educou a apreciar mais determinados prazeres do que outros. Demócrito, em suas sentenças, demonstra um sentido estético da vida e propõe uma educação estética também. Ele privilegia o prazer de contemplar belas obras. São belas as ações virtuosas, e ficam ainda mais belas cantadas pelo sopro sagrado de um poeta inspirado. Ele já não é um filósofo poeta como os mais antigos, mas certamente está entre os amantes de poesia, e também escreveu estudos sobre literatura, sobre ritmos e harmonia, comentários às obras de Homero. Não apreciava qualquer poesia, pois lhe são mais belas as emoções contundentes e as disposições de caráter do que os adornos e adereços. Demócrito também aprecia especialmente os prazeres que são mais raros, não porque sejam difíceis, penosos ou caros, obviamente. Os mais raros são aqueles prazeres que se adequam perfeitamente a determinadas ocasiões, que são raros como a ocasião (*kairós*), não os prazeres quotidianos mas aqueles da celebração, os prazeres sagrados. Por isso, Demócrito não dispensa a festa.

> Não todo prazer, mas o que está no belo é preciso escolher.[42]
> O pior de todos os males é a leviandade no educar a juventude, pois é ela que gera aqueles prazeres de que nasce a maldade.[43]
> Os grandes prazeres nascem do contemplar as belas obras.[44]
> Imagens belas de se ver pelas vestes e adornos, mas vazias de coração.[45]
> A vida sem festas é um longo caminho sem hospedaria.[46]

O discurso dos filósofos da natureza, os físicos e fisiólogos, vai permanecer como uma paisagem de fundo na disputa moral acerca dos prazeres. Os conceitos de mistura, de impulso, de harmonia, de medida, de movimento, repouso, equilíbrio, limite, entre tantos outros, estarão presentes ao longo das discussões. As teorias das sensações, as concepções de vida e morte, de atividade e passividade, os princípios de finitude e infinitude voltarão, seja nas considerações ontológicas, seja nas valorações éticas. Foram muitos os filósofos que se debruçaram sobre a fisiologia dos prazeres, com discursos sobre o funcionamento da natureza e sobre o tratamento das *nossas* naturezas (o discurso dos médicos). Empédocles e Demócrito nos parecem os mais eloqüentes, e esta não é apenas uma escolha pessoal, mas também o que nos permite o legado da tradição textual, sempre muito parcimoniosa com estes autores e temas. Pois sabemos que a transmissão cristã dos textos do paganismo fez uma discriminação forte e pesada dos discursos sobre os prazeres. Devemos o que nos chegou sobretudo a textos de censura aos modos pagãos, em que Empédocles, Demócrito e outros apareciam como figuras combatidas ou que assombravam como inspiradores de alquimistas e hereges.

Mesmo sem percorrer seus textos fragmentados, podemos lembrar de outros filósofos que contribuíram para as investigações fisiológicas sobre o prazer: Parmênides de Eléia, na parte cosmológica de seu poema, Anaxágoras e Diógenes de Apolônia com suas teorias das sensações, e os pitagóricos em geral.

Sem dúvida, os textos dos médicos também são importantes na formulação das teorias fisiológicas, e não esqueçamos que muitos filósofos não apenas têm um diálogo intenso com a medicina, como muitos foram efetivamente médicos, Empédocles é um exemplo. Mas nossa *Arqueologia dos Prazeres* pretende percorrer apenas o campo da filosofia, quer dizer, a investigação dos princípios mais universais, para contemplar a discussão da relação entre prazer e felicidade. Os tratamentos dos indivíduos, as teorias dos médicos, tais como as de Hipócrates, ficarão apenas como sombras à margem das idéias de filósofos como Platão e Aristóteles.

III — Erística

> "Com a lança recebo o
> meu pão quotidiano;
>
> com a lança o meu vinho de Ismaros;
> e o bebo sobre a lança apoiado."[47]
> Arquíloco

Sócrates

Não fora a escola atomista e seus seguidores, poderíamos restringir toda a nossa arqueologia das discussões antigas sobre os prazeres na figura de Sócrates e nas tantas escolas que derivam de seus discípulos. Sócrates é o grande nó da filosofia antiga. Nele se reúnem tão diversas facetas do pensamento e do comportamento quantas são as linhagens que dele descendem. E não são poucas, às vezes as mais antagônicas, quase toda a filosofia! Foram discípulos de Sócrates tão diferentes personalidades, como Platão, Xenofonte, Esquines, Fedon, Euclides e os dois filósofos mais radicalmente opostos na disputa pelo valor do prazer: Aristipo, o cirenaico, hedonista extremo; e Antístenes, o cínico, que condenava veementemente o prazer. Entretanto, a disputa dialética, a erística propriamente dita, não se dá diretamente entre os dois, nem entre suas escolas. Quem, entre os socráticos, tinha mais ânimo agonístico era Platão. Seu esporte favorito era o pugilismo, atividade em que ganhou, entre outras coisas, o apelido.[48] Nas palavras, quis rivalizar não apenas com outros filósofos, mas com os poetas antigos e contemporâneos de todos os gêneros. Se pudesse realizar em atos o que fazia em palavras, expulsava-os de sua cidade. Entre os socráticos, Platão rivalizava com Xenofonte e ambos antipatizavam com Aristipo. Todas as caricaturas negativas que Platão faz dos sofistas inspiram-se nos traços do cirenaico; já este adorava responder de modo desconcertante às invectivas do ateniense. Antístenes, mais velho, não entra na escaramuça, mas seu discípulo Diógenes não perdia uma oportunidade para provocar Platão; este lhe nutria simpatias, mas respondia no mesmo tom. Assim eram os gregos, assim é a filosofia.

Antes de percorrer os argumentos dessa disputa, vamos buscar alguns traços iniciais dessa ambígua personalidade filosófica de Sócrates.

Não é simples descrever Sócrates, pelo fato primeiro que constitui o modo original como ele foi registrado na História. Sócrates, de propósito bem pensado, nada escreveu. Se podemos confiar no diálogo *Fedro*, de Platão, a escrita não cumpria efetivamente para ele a função do discurso, porque o texto não pode responder quando interrogado! Nem tampouco o texto é fiel depositário da memória filosófica, pois o que se escreve só volta à lembrança quando a leitura interpretativa volta a pensar na disposição originária da questão. Somente as idéias são fiéis depositárias de si mesmas e somente a alma pode rememorá-las pela demonstração dialética. Sócrates nada escreveu, mas ensinou a filosofia por meio de suas conversas (*diálogoi*) a várias gerações de jovens atenienses ou que vinham a Atenas para ouvi-lo. Mas os jovens não apenas aprendiam com suas palavras como também com suas ações e posturas. Ou imposturas, como costumavam julgar os mais velhos. Sócrates sempre foi uma figura controversa, e esta controvérsia é muito clara nos textos dos autores que o imortalizaram. A começar, pelos diferentes modos com que foi caracterizado: o modelo de filósofo, por Platão; o paradigma da virtude, para Xenofonte; um sofista embusteiro, para Aristófanes. E depois, controverso pelo que é comum em todas as suas representações: as esquivas, o abuso da ironia, o gosto por deixar os interlocutores em perplexidade aporética.

O caráter irônico de Sócrates sempre deixou um vácuo na plena elucidação do sentido das suas ações, vácuo que os discípulos preencheram a seu bel-prazer. Sócrates sedutor e amante de belos rapazes. Sócrates de temperança incorruptível. Sócrates o mais sábio dos homens. Sócrates que admite nada saber. Sócrates devoto de Apolo ou filósofo demoníaco. Sócrates interrogador. Sócrates o orador terrível...

Também nos discursos e atitudes sobre o prazer, o caráter socrático deixava grassar a perplexidade. Verdade ou lenda, pouco importa, o filósofo nunca se embriagava. Não porque se abstinha, não porque bebia moderadamente, mas porque seu espírito não se dobrava ao vinho, em medida alguma.[49] O sono não o abatia; se estava a conversar, varava a noite inteira. Andava descalço, no verão e no inverno. Xantipa, sua mulher, o atazanava, mas ele não se alterava. Teve uma segunda mulher; uns dizem que antes, outros que depois, outros dizem ainda que simultaneamente, pois a legislação ateniense, em determinado período, o permitiu. Não sabemos em que medida e de que forma Sócrates provocou a cena de ciúmes da parte de Alcibíades, que Platão descreve no *Banquete*. Os seus amantes eram incontáveis. Os que o odiavam também. Pela sua ironia, os atenienses gargalhavam ou iam às vias de fato. Admoestou metade dos seus concidadãos e não ficou satisfeito. Bebeu a cicuta sem se perturbar.

Conforme o testemunho de Platão, ele discutiu acerca de questões relativas ao prazer com Protágoras, Pródico, Górgias, Filebo e outros sofistas. Entre os diálogos socráticos de Platão, que investigam uma por uma as virtudes, *Carmides* é o que trata especificamente da temperança. O *Banquete*, que versa sobre o desejo e põe em cena várias atitudes frente aos prazeres, além das reflexões, expõe a representação desta virtude no comportamento dos convivas. O diálogo *Filebo* faz uma ontologia e uma hierarquia dos prazeres. Veremos o Sócrates de Platão principalmente nos dois próximos capítulos, agora acompanhemos as posições daqueles outros socráticos menos conhecidos, acompanhados das escolas que eles fundaram.

Cirenaicos

A Escola Cirenaica foi fundada por Aristipo de Cirene, que acorreu jovem para Atenas atraído por Sócrates. O exemplo de domínio sobre os prazeres, a despeito da medida, inspirou suas idéias e sua conduta. Ademais, aprendeu muito bem a agilidade da palavra, a resposta na ponta da língua, como veremos.

Os cirenaicos estabeleceram sua doutrina especialmente em torno da questão do prazer. Para eles, havia dois estados da alma: o prazer e a dor. Quanto à fisiologia, não lhes interessava o conhecimento da sua constituição para além do que servisse a fruí-lo, entendiam o prazer como um movimento suave e a dor como um movimento brusco, inspirados na teoria das sensações de Anaxágoras. O fim supremo é o movimento calmo que resulta em sensação.[50] Por isso, não acreditavam em prazeres estáticos nem que a calma ou a ausência de dor equivalessem a qualquer prazer. Não faziam nenhuma distinção de valor entre os prazeres. Mesmo que a ação resultante em gozo fosse vil ou vergonhosa, o prazer não deixava por isso de ser algo bom em si mesmo.

A fruição do prazer é o bem supremo, e a felicidade é o acúmulo de prazeres isolados ao longo da vida. Nestes estão incluídos os prazeres passados e os futuros, mais como propiciadores de uma boa disposição do que como fruição de lembranças e expectativas, exauridas no tempo e vazias de sentido. Concentravam-se em viver o momento presente. Não calculavam trocar um prazer maior por dores menores no dia seguinte, porque o prazer do dia de hoje é certo e o futuro é duvidoso. A única coisa certa no futuro é a morte, o que justifica ainda mais concentrar as preocupações nas ocupações e sensações presentes.

Os filósofos da Escola de Cirene consideravam que as pessoas que se deleitavam com valores abstratos, como o amor da pátria, mais do que com os prazeres presentes da vida, tinham um espírito pervertido ou supersticioso. Porque nada é justo ou honesto ou decoroso por natureza, e sim por convenção e hábito; e o homem que é verdadeiramente bom agirá do mesmo modo, mesmo que as leis sejam abolidas.

Teodoro, um cirenaico de quarta geração, afirmava: "nossa pátria é o mundo"; "roubar e cometer adultério e sacrilégio seriam permissíveis num momento oportuno, pois nenhum desses atos é ignóbil por natureza se eliminamos o preconceito contra os mesmos, instituído com o objetivo de refrear os estultos".[51] O preconceito da propriedade, o preconceito do casamento e da monogamia, o preconceito religioso. Dizem que apenas por intercessões de amigos não foi levado aos juízes do Areópago, em processo de impiedade; outros dizem que foi condenado a beber a cicuta.

Diziam também que a pobreza e a riqueza são irrelevantes para o cômputo dos prazeres, porque os ricos não gozam de modo diferente dos pobres. Escravo ou livre, célebre ou desconhecido, honrado ou infame, nada disso importa quanto ao gozo dos prazeres. Também cultivavam a tolerância, porque não acreditavam que os homens errassem voluntariamente, mas movidos pela ignorância e pelo preconceito, de modo que não era conveniente puni-los mas educá-los.

Em síntese, estas eram as opiniões dos cirenaicos sobre a felicidade, a vida e os prazeres, tal como nos reporta Diógenes Laércio. Mas eles não foram tão importantes pelos fundamentos doutrinários, tanto como pela maneira mesma em que os viveram de modo coerente, e pelas palavras que usaram para justificar suas atitudes, sempre que provocados ou censurados. Podemos imaginar quantas censuras não receberam, tanto pelos coetâneos (Platão à frente) quanto pela História. Vejamos algumas passagens da vida de Aristipo, também segundo o que reuniu o doxógrafo Diógenes Laércio em sua *Vidas e Doutrinas dos Filósofos Ilustres*.

Aristipo foi o primeiro socrático a cobrar honorários pelas lições e a enviar dinheiro ao mestre. Sócrates restituiu a quantia, justificando que seu *dêmone*, a divindade interior que o aconselhava, não lhe permitiu recebê-la. Platão passou a caracterizar os sofistas como aqueles que ensinavam por dinheiro, e a censurá-los por isso — o modelo que ele usou para a caricatura foi o cirenaico. Quando censuraram-no por receber honorários, sendo ele discípulo de Sócrates, respondeu:

"Certamente, porque Sócrates, quando lhe mandavam alimento e vinho, costumava ficar com um pouco e devolver o resto, tendo como seus tesoureiros os principais cidadãos de Atenas; quanto a mim, disponho apenas do meu escravo, Eutíquides."[52]

Há muitas anedotas a respeito de sua lida com o dinheiro. Menos da forma de receber que da facilidade em gastar. Certa vez alguém o censurou por mandar comprar uma perdiz por 50 dracmas. "Não darias um óbolo por ela?", ante a resposta afirmativa, completou "é o que me vale 50 dracmas; não sou mais amante do prazer que tu do dinheiro".[53] Quando um pai levou o filho para receber sua educação, o filósofo cobrou 500 dracmas. Aquele reclamou que por este preço comprava um escravo, e Aristipo respondeu:

"Age assim e terás dois."[54] Dizia que não cobrava dos amigos para seu uso, mas para instruí-los em que gastar o dinheiro. Quando um serviçal seu, carregando moedas, reclamou que a carga estava muito pesada, ordenou: "Joga fora o excesso, e carrega somente o que podes suportar."[55] Aristipo tinha clareza sobre o valor mediador do dinheiro: em si mesmo não tem valor, só vale quando nos desfazemos dele por algum bem, algo que acresce à vida ou lhe proporciona algum prazer. O seu poder é derivado de saber usá-lo para o que importa; e é melhor ser mendigo sábio do que um rico ignorante, que emprega o dinheiro no que traz servidão e sofrimento. Em mãos sábias, porém, ganha uso sábio e útil, pois não é o dinheiro que perverte e cria cobiça, mas a falta de caráter.

Aristipo foi convidado à corte de Dionísio, governante de Siracusa, na mesma época em que Platão e outros socráticos a freqüentaram. Quando o criticaram por afastar-se de Sócrates e buscar Dionísio, respondeu "Procurei Sócrates para educar-me, e procuro Dionísio para divertir-me."[56] Foi muito bem aceito na corte, recebendo riquezas e favores do rei, mais do que os demais filósofos. Aristipo sabia tirar proveito de qualquer situação e acompanhava a agenda do governo sempre com palavras pertinentes e espirituosas. Certa vez, como Dionísio insistisse para que falasse de filosofia, ele respondeu: "Seria ridículo se aprendesses de mim a arte de falar e quisesses me dizer o momento de falar."[57] O anfitrião ofendeu-se com a resposta e o relegou ao extremo da mesa. Aristipo não perdeu a altivez e, dizendo: "Quiseste dar maior importância ao último lugar",[58] conquistou o riso de todos e recobrou a simpatia do rei. Em outra ocasião, Dionísio, já bêbado, mandou todos vestirem túnicas púrpuras e dançarem. Platão recusou-se, citando o verso das Bacantes: "Não poderei vestir um traje feminino."[59] Aristipo não só vestiu a roupa como, prestes a dançar, respondeu com o mesmo Eurípides: "Mesmo nas festas báquicas quem for puro não se corromperá."[60] Alguém o recriminou por ter recebido dinheiro de Dionísio, enquanto Platão recebera um livro; respondeu: "Preciso de dinheiro e Platão precisa de livros."[61] Outra vez em que foi pedir dinheiro a Dionísio, este ralhou: "Mas não disseste que o sábio nunca estaria carente?" Aristipo respondeu: "Dá e depois discutiremos"; tendo recebido, retornou: "Vês como já não estou necessitado?"[62]

A luxúria de Aristipo com as cortesãs era notória, a elas dedicou, além de noites brancas, alguns de seus escritos (*A Laís*; *Aos que censuram o seu amor ao vinho velho e às mulheres*). Tendo Dionísio oferecido para que ele escolhesse entre três cortesãs presentes, levou as três dizendo: "Não foi vantajosa a Páris a escolha de uma só."[63] Quando o censuraram por viver com uma cortesã, disse: "Possuo Laís, mas não sou possuído por ela; abster-nos de prazeres não é o melhor; e sim dominá-los e não sermos prejudicados por eles."[64] Como se vê, sua resposta sequer leva em consideração o decoro, que considerava puro preconceito, mas preocupava-se com ter domínio dos prazeres e não ser seu escravo. Fruí-los ao máximo, mas nunca precisar deles, essa era a idéia de domínio do corpo e sabedoria que emulava de Sócrates.

Aos que o reprovavam por suas extravagâncias, respondeu: "Se a extravagância fosse condenável, não estaria em voga nos festivais dos deuses."[65] Ora, por que festejar somente nas datas convencionadas? Por que não nos portar como nas festas todos os dias? Timão, o cético, sintetizou-lhe o caráter: "Eis a natureza luxuriosa de Aristipo, que distingue com o tato o verdadeiro do falso."[66]

Fédon o chamava de efeminado, porque usava perfumes. Diógenes lhe dirigia muitas de suas invectivas. Xenofonte escreveu contra ele, fazendo de seu Sócrates o porta-voz da censura ao prazer. Platão o fustiga no *Fédon*, entre outros diálogos; também pela boca de Sócrates. Espeusipo, sobrinho e sucessor de Platão na Academia, escreve dois diálogos contra o prazer: "Aristipo de Cirene" e "Aristipo". O filósofo de Cirene gozou a vida a seu modo por 85 anos.

O que tanto temiam ou repudiavam na defesa engajada de Aristipo aos prazeres? Para que tipo de homem o prazer é uma ameaça verdadeira? Para o que fraqueja, para o que sofre sua falta, para o tomado de paixões? Mas são esses os filósofos que defendem a firmeza do caráter? Que tipo de firmeza adotar? Afastar-se das sensações ou fruí-las sem prejudicar-se? A questão acerca da natureza e da medida própria, mais ou menos suscetível ao efeito dos prazeres,[67] chega a ser pensada pela escola médica de Hipócrates, mas para os filósofos a questão da medida ainda é preponderantemente moral, e estética — referente a um estilo de vida, à adoção de princípios gerais.

O discurso de Aristipo e dos cirenaicos sobre o prazer é, como vimos, freqüentemente uma resposta aos que os admoestavam. Neste sentido, aparece como uma reação que busca justificar sua conduta como coerente com valores de excelência à parte e acima do comportamento comum. É um discurso sobre a estilização individual e não sobre o que seja universalmente bom ou mesmo conveniente para todos, ainda que a idéia do prazer como bem tenha uma justificação a partir da natureza. Não faz o menor sentido um cirenaico admoestar ou convencer um outro homem a agir como ele. Mas em que medida o discurso contra o prazer não é também um discurso reativo, e até mais? Reativo a um desejo insaciável, talvez, a uma ânsia poderosa que precisa ser fustigada, arrefecida, ocultada? Porque certamente a defesa dos prazeres e sua prática da parte dos cirenaicos não é a submissão a tais desejos, ânsias ou paixões. E muito menos precisariam ocultá-los se não os temem.

Veremos a seguir outra escola socrática, mas totalmente anti-hedonista. Contudo, estes que foram radicalmente opostos não se enfrentaram diretamente, ao contrário, enfrentaram o mesmo adversário filosófico.

Cínicos

Antístenes, tendo primeiro sido discípulo de Górgias de Leontini, entrou em contato com Sócrates quando já era um orador maduro. Mas tanto se encantou com o homem que aconselhava aos seus próprios discípulos irem aprender com ele. Enquanto outros socráticos buscaram os palácios, como já vimos, Antístenes continuou levando sua vida nas ruas retilíneas do Pireu, e caminhava todo dia os 8 quilômetros da via murada que leva a Atenas, para ouvir Sócrates. Gostava de aquecer e exercitar o corpo para depois exercitar o espírito. Aprendeu com o novo mestre a valorizar a resistência e a fortalecê-la no suor dos hábitos regulares. Foi o fundador da Escola Cínica.

A origem do nome da escola é atribuída pela tradição ao ginásio em que Antístenes dialogava habitualmente: o Cinosargo,[68] que significa "cão ligeiro". Mas a alcunha de "cão" lhe convinha bem, dado o modo de vida simples e austero; porém, cairá ainda melhor no seu discípulo mais espetaculoso, Diógenes de Sínope, que vivia efetivamente como um vira-lata. E ladrava, como veremos.

Diógenes Laércio situa historicamente os cínicos entre Sócrates e os estóicos. Zenão da Cítia, o primeiro estóico, foi discípulo de Crates, que por sua vez foi discípulo de Diógenes, "o Cão". E suas rígidas doutrinas morais seguiram pelo mesmo caminho. Admiravam, sobre todas as virtudes socráticas, a imperturbabilidade (*ataraxia*). É notável como, entre os filósofos que emulavam Sócrates no comportamento, todos admiravam sua impassibilidade em face de quaisquer condições adversas da vida. Mas nem todos buscavam alcançá-la da mesma maneira, e isto alimentava a rivalidade dos seus seguidores.

Antístenes gostava de bradar: "Antes ficar louco do que sentir prazer."[69] Os cínicos ensinavam que nada perturbava e amolecia mais o homem do que sentir prazer. Especialmente com as mulheres, com quem Antístenes recomendava cautelas especiais: manter relações sexuais apenas com as que se sentissem gratas; ao escolher a esposa, saber que a mulher bela é compartida, e a mulher feia, padecida; casar-se para ter filhos, buscando uma mulher de belo caráter. Quando via uma mulher ostentando adornos luxuosos, aconselhava ao marido muni-la de arma e cavalo, ou despojá-la. Escreveu um tratado *Sobre o Casamento*, também chamado *Da Procriação*. Dizia Crates, na terceira geração de cínicos:

> Os casamentos dos adúlteros são assuntos de tragédias, e resultam em exílio ou assassinato, enquanto os casamentos dos apreciadores de meretrizes são assunto de comédia, pois em conseqüência da devassidão e da bebedeira levam à loucura.[70]

Mas os cínicos também professavam de forma inovadora que as virtudes de homens e mulheres eram as mesmas. Nas suas preocupações com o casamento, requeriam fidelidade e cumprimento dos deveres conjugais tanto do homem como da mulher e propunham a união pelo companheirismo e não pela conveniência social ou pelo desejo.

Uma das raras notícias que temos de uma mulher filósofa na Antiguidade é entre os cínicos: Hipárquia. Apaixonou-se pelas teorias e atitudes de Crates e adotou sua maneira austera de viver. Os pais suplicaram a Crates que a demovesse da idéia de casamento. Este, para dissuadi-la, levantou-se e tirou toda a roupa, dizendo: "Eis o futuro esposo, eis aqui os seus bens; decide agora, pois não serás minha companheira se não aceitares meu modo de viver."[71] A persuasão foi completa e Hipárquia converteu-se com todo o ânimo ao cinismo.

Antístenes ensinava que, para ser feliz, a virtude moral era suficiente. O seu ideal de virtude era tornar-se isento de carências e auto-suficiente ao máximo, resistente às intempéries do destino, impassível às perturbações do espírito. Conquistava-se uma tal disposição para agir bem com esforço e exercício nos hábitos de uma vida ascética, que exigia de si cada vez mais trabalho e menos conforto. Além do mais, para conquistar esta felicidade, não é preciso mais do que a firmeza da vontade; a vida cínica é portanto a mais autárquica e mais conforme ao homem livre, senhor de si mesmo.

Antístenes desprezava a glória e zombava da vaidade e do orgulho dos homens. Freqüentemente, o alvo de suas zombarias era Platão. Mas nesse aspecto foi muito mais sutil e comedido que seu discípulo Diógenes. O "Cão" tinha realmente a língua ferina, o espírito iconoclasta, e não poupava ninguém.

Diógenes chegou a Atenas como exilado de sua cidade natal: Sínope. Era filho de um banqueiro a quem o Estado confiava a cunhagem das moedas. Em certa ocasião, como supervisor da cunhagem, falsificou a moeda e por isso foi expulso. Se o dinheiro (*nómisma*) é por mera convenção (*nomos*), que diferença trocar-lhe o nome (*ónoma*)? Chegou despojado em Atenas e encontrou Antístenes. O filósofo costumava rechaçar os discípulos a bastonadas. Quando ergueu o bastão contra Diógenes, este ofereceu a cabeça: "Bate, pois não acharás madeira tão dura que me faça desistir de aprender, assim como é teu dever ensinar."[72] No verão rolava na areia quente e no inverno abraçava o mármore revestido de neve das estátuas, para acostumar-se às intempéries. Vivia coberto com um simples manto, mendigando pelas ruas, com altivez senhorial. Em certa ocasião recusou um convite para jantar porque da última vez que estivera naquela casa o anfitrião não lhe agradecera. Quando precisava de dinheiro, não pedia aos amigos doação, mas restituição.

Batendo à porta de Platão, pediu vinho e figos secos. Platão mandou-lhe uma ânfora cheia de vinho, Diógenes recusou: "Se te perguntassem quanto é dois mais dois, responderias vinte? Não dás a quantidade que te pediram!",[73] e foi-se embora. Durante uma recepção na casa de Platão a amigos vindos da parte de Dionísio, pisou com pés enlameados nos tapetes, dizendo: "Piso no orgulho de Platão", este respondeu "com orgulho acima".[74] Vendo Platão diante de um lauto banquete servir-se apenas de azeitonas, disse: "Como, Filósofo que navegaste até a Sicília por causa de mesas como esta, agora que as tem diante de si, não as desfrutas?"[75] Quando, parado em meio à chuva, atraía a compaixão de alguns passantes, Platão passou e disse: "Se quereis dar-lhe compaixão, afastai-vos."[76] Competiam por quem pudesse admoestar com mais penetração socrática o desvio do outro.

Na Academia, depois que Platão, ensinando o método da divisão, chegou a definir o homem como "um bípede sem plumas", Diógenes acorreu com uma galinha depenada, bradando: "Eis o homem de Platão! Eis o homem de Platão!"[77] Depois de uma preleção sobre as idéias, disse: "A mesa e a taça eu vejo, Platão, mas tua *mesidade* e *tacidade* não vejo de forma alguma."[78] Platão dizia que Diógenes era "um Sócrates demente".[79]

A despeito da evidente inconsistência de Diógenes Laércio ao ordenar as suas fontes, com repetições de várias anedotas, há um fato a reparar. Várias das anedotas da disputa entre Diógenes de Sínope e Platão são repetições das anedotas de Aristipo de Cirene com o mesmo Platão! O próprio doxógrafo demonstra percebê-lo quando atribui a repetição a diferentes fontes, como no episódio das azeitonas, em que diz que Favorinos, em suas *Histórias Variadas*, atribui a anedota não a Diógenes mas a Aristipo. Parece estranho que as duas personalidades mais opostas na moral dos prazeres possam ser confundidas, seja por conta de fontes primárias ou secundárias. Mas, de fato, há um traço comum aos socráticos, tanto maior entre os mais opostos. Em primeiro lugar, a ironia das respostas, que cresce em sarcasmo tanto em Diógenes quanto em Aristipo — essa é sem dúvida a maior das heranças socráticas. Depois, ambos têm um caráter histriônico, iconoclasta, ousado, gostavam de estarrecer o senso moral da cidade, que consideravam hipócrita, vazio, tolo. Mas, nas histórias contadas por Diógenes Laércio, há o detalhe da disputa com Platão, que nos desperta uma ponta de curiosidade. Pensando no caráter do historiador, certamente não se trata de colocar Platão como meio-termo virtuoso entre a busca por prazer de um e a repulsa ao prazer de outro. Trata-se muito mais de um rival comum, talvez até do próprio historiador, como se este usasse suas personagens para atacar o orgulho do platonismo dogmático que lhe era coetâneo. Mas resta um traço indefectível da pugna geral: o gosto dos socráticos pela disputa verbal e pelas respostas bem devolvidas — a chamada *braquilogia* ou "palavra curta".

Acrescente-se outra característica: a dramaticidade de suas filosofias, vividas na praça pública, nos ginásios, na rua ou na corte, como no palco de um teatro constante cheio de espectadores. Diógenes, o Cão, e todo o cinismo que o seguiu, explorou esta dimensão do espetáculo filosófico. Foram os cínicos não apenas admoestadores e escritores de tratados morais, mas também autores de tragédias e comédias. Tinham sua indumentária e adereços próprios e constantes, um deles, Menedemo, vestia-se normalmente de Fúria, como em cena trágica, com uma túnica soturna, um cinto vermelho, chapéu bordado, barba longuíssima...

Diógenes era assim um grande bufão da cidade, que pela condição despojada não tinha nada a perder e podia falar sem refreios. Diferente da ironia de Sócrates, a sua admoestação sarcástica e o seu escárnio não provocavam rancores mas gargalhadas. Era especialmente querido pelos atenienses, que o socorreram várias vezes inclusive dando-lhe um novo barril, quando trocistas quebraram a sua lendária moradia. Podia afrontar os costumes e ir à praça, como se dizia, prestar suas homenagens a Deméter e a Afrodite, e ainda com a mão ativa, dizer: "Quem dera eu poder matar a fome também só de esfregar a barriga."[80]

A despeito de todos os rigores e penúrias da vida reduzida ao minimalismo das satisfações naturais, há uma atividade que certamente lhes proporcionava uma alegria especial: essa liberdade irrestrita em abusar da língua afiada. Esta franqueza foi admirada por homens poderosos, como Alexandre o Grande, que certa vez foi visitar o cínico quando este estava na sarjeta a banhar-se de sol. "Pede o que quiseres", disse-lhe o imperador à sua frente. "Que me restituas o sol",[81] respondeu impassível Diógenes.

Essa liberdade também ficou notória quando, capturado por piratas, foi levado como escravo a leilão. O vendedor perguntou: "Quais são tuas habilidades?", ele respondeu: "Mandar em homens",[82] e já foi apontando um homem ricamente trajado: "Ei tu, compra-me, vejo que precisas de um senhor."[83] Era Xeníades, que efetivamente o comprou e o pôs como tutor dos filhos. Viveu até a morte nesta condição. Como amigos quisessem resgatá-lo, lhes respondeu: "Tolos, os leões não são escravos de quem os alimenta";[84] Xeníades fazia o que Diógenes lhe mandava fazer e ainda supria-o de todas as necessidades.

É uma característica do cinismo o seu sucesso entre escravos, Diógenes ora como banido, ora efetivamente como despojo de pirataria, Mônimo, serviçal de um banqueiro de Corinto e Menipo, escravo de um senhor do Ponto; e também entre filhos de famílias muito ricas como Crates, Hipárquia, Métrocles. Parece que o meio de opulência em que se encontravam forçados lhes causava realmente aversão e os predispunha a imprecar contra o orgulho e a vaidade. Contudo, não parecem cultivar ressentimento nesta reação, não há espírito de vingança, porque de modo algum sua repulsa aos prazeres e à opulência pode ser compreendida como uma refutação à vida. Buscavam a vida conforme a natureza, sem adornos e ilusões vazias. E, principalmente, nunca invejaram o conforto, mas deploravam como fracos os que se acostumam a eles. Imprecavam sem rancor, com ironia. Tampouco deploravam seus concidadãos com piedade ou comiseração, mas com escárnio, um escárnio certamente carregado de orgulho.

Diógenes viveu até os 90 anos de idade, mas Menipo enforcou-se e Métrocles estrangulou-se.

IV — Erótica

"A filosofia segundo Platão se definiria antes como uma disputa erótica, desenvolvendo e interiorizando a antiga ginástica agonal e as condições que ela pressupõe... O que saiu afinal de contas dessa erótica filosófica de Platão? Uma nova forma artística do *agon* grego, a dialética."[85]
Nietzsche

Platão

Sim, Platão! Quem nos haveria de apresentar Sócrates e sua ambígua apreciação dos prazeres melhor do que tu? A grande testemunha filosófica do mestre ateniense da verdade e da virtude. Quem nos trouxe aquela palavra de Sócrates, reconduzindo aos livros a deriva oral dos seus discursos? Mas qual Platão, é preciso ainda perguntar. Teriam sido tantos os platonismos quantos foram os socratismos? Não tantos porque Platão ao menos escreveu, mas a tradição do platonismo é o tronco mais extenso e ramificado da filosofia, acompanhando tantas peripécias quantas as desta mesma ao longo de seus 2.500 anos. Longo percurso o do platonismo, que de tantas voltas precisou tantas vezes de ser refutado pelas próprias vozes da filosofia, justo quando já ecoava suas idéias nas praças, nas tribunas, nas cátedras e nas igrejas. Ou por isso mesmo: como poderia essa filosofia aristocrática tornar-se tão vulgar e popular — e, ainda pior: alimentar e ser digerida pela moral mais antigrega e antipagã do cristianismo?[86] A precisar de um novo Sócrates (ou seria um novo Antístenes?) a derrubá-la a marteladas ao final do século XIX...

Qual Platão há de nos acompanhar e nos levar ao encontro deste filósofo que deu origem e margem à longa disputa grega em torno dos prazeres? Um Platão que nos entrega seu mestre na bandeja das páginas textuais em que aquele nunca quis pousar? Um Platão que por si mesmo raramente se expôs, a não ser como o dramaturgo das personagens de seus diálogos? Por que ainda confiamos nos teus textos, filósofo? Talvez por isso mesmo, porque Sócrates pela tua letra se tenha tornado esta grande sombra enigmática que se estende no ocaso sobre nós.

Mas ainda resta perguntar: quais dos teus Sócrates, Platão? Se a mesma personagem, sem deixar de rigorosamente ser a mesma e ter os mesmos modos, nos apresenta em cada diálogo uma faceta diferente de suas opiniões e gestos? Porque de modo algum a diversidade e a ambigüidade de Sócrates é o resultado da má construção do caráter de uma personagem. Ninguém duvide que Platão sabe escrever — e sabe escrever dramaturgia. Sócrates é efetivamente um pensador ambíguo no conteúdo e na forma e só a maestria de um grande escritor poderia mostrar tantas facetas e deixar tantos caminhos interpretativos para um único caráter, que sempre encarnará a virtude e a verdade. Ou seria este Sócrates ambíguo a tua melhor contribuição para o exercício da filosofia? Enfim, sempre a ironia, a ironia é que chega para nos salvar.

Que Platão nos acompanhe primeiro ao convívio de Sócrates com os prazeres, neste *Banquete* à casa de Agatão, onde não é preciso ser convidado se estamos na companhia de um homem bom,[87] assim como fez Aristodemo. Aristodemo, como nos conta Apolodoro, que dele ouviu a história, e disse-lhe mais ou menos isso...[88]

O *Banquete* de Platão é talvez o seu diálogo mais lido, e amado pelas mais díspares razões e com as mais controversas interpretações, que vão desde o guia espiritual para o encontro sublimado com a caridade de Deus,[89] para os cristãos do Renascimento, ao manual mais detalhado da pederastia ateniense, para os historiadores da sexualidade.[90] Aqui vamos apreciar o que ele nos tem a dizer sobre os prazeres, nos diversos discursos dos convivas e especialmente, como não, no discurso de Sócrates e em suas ações. Que melhor lugar para apreciar os prazeres do que na ocasião em que primeiro se serve ao ventre abaixo, depois à cabeça acima e, por último entre os dois, ao peito apaixonado? Eis por onde entraremos a falar dos princípios dos prazeres na Erótica.

A Erótica platônica, como não poderia deixar de ser, é uma disputa amorosa.[91] Nesta agonística, porém, vale tanto a rivalidade dos que lutam e se esforçam quanto a graça e o prazer do jogo. Jogo em que, sem dúvida, vencer é a menor das graças. O jogo e a festa eram as atividades que mais congregavam os gregos, onde a cidadania e a cidade transcendiam a dimensão humana para ficar mais próximas da divindade. O jogo e a festa são as celebrações consagradas aos deuses, à gratuidade e ao transbordamento da vida. A Erótica platônica insere a filosofia, pela via do banquete, na sagração do jogo e da festa. Os deuses invocados aqui são Afrodite, Eros e Dioniso. Eles estão presentes em todo banquete, mas no diálogo de Platão eles ainda são convocados pela força da ocasião e pela deliberação da palavra. A ocasião não podia ser mais dionisíaca: Agatão acaba de vencer o concurso de tragédias nas festas lêneas. No dia seguinte, depois de comemorar a vitória com as coristas e o povo numa festança em que se bebeu à loucura, ele convida um grupo de seletos amigos para continuar a comemoração bebendo em sua casa. O banquete é um *sympósion*, uma reunião (*syn-*) para beber (*pino*). Da celebração cívica, passa-se à festa pública popular e, para finalizar, à festa doméstica entre seletos amigos — sempre é Dioniso o celebrado. Mas se na gesta do *Banquete* o vinho de Dioniso dá a altura do tom, a letra da música é consagrada a Eros, e a Afrodite que o acompanha. Erixímaco, assumindo parcialmente a função de simposiarca para a qual a medicina o habilita, sugere aos convivas trocar as flautistas pelos discursos e propõe que se façam encômios a Eros. Como atribui a idéia de elogiar o deus a Fedro, com isso lhe passa também a plena função de simposiarca. Antes, já tinha sugerido as disposições para a quantidade de vinho. Nesta sugestão, já ouvimos uma primeira consideração sobre os prazeres.

O simposiarca, na liturgia dos banquetes, organiza a bebedeira. Diz quantas crateras de vinho serão servidas e qual será a medida da mistura de água e vinho forte. Ninguém pode beber menos do que foi determinado. Também o simposiarca dá o tema da celebração, e passa a palavra aos convivas quando o que está em jogo são discursos. Na casa de Agatão, todos, salvo Sócrates querendo escapar à multidão,[92] estiveram na bebedeira pública do dia anterior; estão todos pesados de ressaca. Por isso, Pausânias sugere abrandar a regra da bebida, levantando sucessivas adesões até que finalmente Erixímaco propõe liberar as rédeas da bebida, com assentimento geral, e assim "não consagrar esse convívio à embriaguez, mas a beber pelo prazer". [93]

Não mais a embriaguez, não mais esta loucura do vinho, não mais as flautas que entusiasmam; em vez disso, discursos. Por essa decisão Nietzsche vai sugerir que as mênades de Dioniso estão dando passagem às musas de Apolo, a tragédia dá lugar à filosofia. Pode ser que a porta da filosofia tenha sido aberta, mas primeiro pela voz de Eros e pelos pés delicados de Afrodite. A embriaguez é trocada pelo prazer. Não deixamos a morada de Dioniso, afinal a ressaca não nos impede de continuar a beber, mas nos contentaremos com o aposento do prazer. Um prazer refinado, sem dúvida, o prazer erótico, e tão mais refinado pelas palavras de eloqüentes convivas, tão refinado que vai se tornar filosofia.

É insistente a tradição no entendimento de que todos os discursos que antecedem o de Sócrates antecedem também à filosofia. Mas como a antecedem? Com opiniões a serem refutadas, assim como Sócrates faz explicitamente com Agatão? Como uma preparação que lhe abre caminho? E se este caminho é necessário, não faz parte ele também da filosofia, não é parte do caminho em busca do saber? E se não fossem discursos necessários, por que Platão dedicaria quatro quintos do diálogo a apresentá-los?[94] Afinal, pode a filosofia viver fora da disputa erótica? Certamente não a filosofia de Platão. O filósofo não dispensa a agonística da interlocução dialética, e mais: não dispensa a arte literária que ele mesmo esbanja ao imitar os estilos e caracteres dos convivas em cada gênero de discurso. A disputa para Platão não é entre o discurso de Sócrates, seu suposto *alter ego*, e os demais discursos, seus rivais — pois não são todos discursos escritos por Platão? A disputa é entre quem melhor realiza a fala da tradição épica, da virtude moral, da fisiologia, da comédia, da tragédia, da dialética, da ascética, da esbórnia. É Platão quem escreve o discurso de cada conviva e quem dirige dramaticamente a cena triunfal de ciúmes entre Alcibíades e Sócrates. Platão rivaliza com seus contemporâneos como filósofo e como escritor, que faz de cada gênero literário um suporte ou mesmo um anteparo para a dialética filosófica. Platão quer escrever comédia filosófica e tragédia filosófica e épica filosófica, erótica filosófica e... deste modo inventa com maestria este gênero que é o diálogo. Inventa-o melhor do que todos os demais socráticos que quiseram transcrever a braquilogia do mestre, os seus entretenimentos em examinar a virtude e a sabedoria por meio de perguntas e respostas curtas. Por isso, cada personagem do *Banquete* e cada discurso traz ao convívio princípios da Erótica e, como não, também princípios dos prazeres de Afrodite. Em resposta à proposta atribuída a Fedro:

> Ninguém contra ti votará, ó Erixímaco — disse Sócrates. — Pois nem certamente me recusaria eu, que afirmo em nada mais ser entendido senão nas questões de amor, nem sem dúvida Agatão e Pausânias, nem tampouco Aristófanes, cuja ocupação é toda em torno de Dioniso e de Afrodite, nem qualquer outro que estou vendo aqui.[95]

Os dois primeiros discursos, os de Fedro e de Pausânias, elogiam Eros ao apresentar o código de ética elevada das relações amorosas entre o amado (erômeno) o e amante (erasta). Trata-se, como veremos, da apresentação de uma "deontologia pederástica", os preceitos e deveres dessa relação complexa e cultivada que os nobres e guerreiros gregos desenvolveram para a educação (*paideia*) do jovem mancebo (*paidós*) no ideal da beleza e da virtude (*kalokagathia*), para educar os homens a se tornarem os melhores cidadãos livres. Há uma vertente interpretativa tradicional que tende a desmerecer estes primeiros discursos, sem dúvida por conta de uma visão judaico-cristã que vê perversão em toda relação de amor homossexual. Os gregos não as tratam como um conjunto unívoco de relações — se não têm esta visão de perversidade no conjunto, também não são completamente permissivos —, por isso o sentido de um código de honra e virtude para distinguir um modelo de excelência no relacionamento pederástico.[96]

Há um aspecto interessante que nos aproxima estes primeiros discursos do núcleo teórico do diálogo, o discurso de Sócrates. Muitos "Banquetes" foram escritos, entre os quais um por Xenofonte. Neste Banquete, o discurso de Sócrates assemelha-se muito ao discurso de Pausânias, no de Platão. De modo que o que a personagem Pausânias diz não deve ser compreendido à margem dos pensamentos e muito menos do comportamento de Sócrates. Sócrates foi o erasta de muitos jovens atenienses, e freqüentava os ginásios para amar e educar os belos rapazes; o *Cármides* e o *Lísias* são dois diálogos de Platão que descrevem este seu hábito.

Ninguém como Platão e Sócrates foram tão bem-sucedidos em juntar a virtude e sua educação em meio ao ambiente de convívio com os prazeres — talvez resida nessa visão complexa e necessariamente ambígua a causa original de ambos terem provocado entre seus discípulos tamanha disputa pela prevalência moral ou da virtude ou do prazer. Se Sócrates tratou desta ambigüidade com ironia, a esta Platão acrescentou a mistura. Vejamos pois a mistura de discursos das personagens de Platão. O discurso heróico, o moralista, o discurso do médico, do comediógrafo e do tragediógrafo, do filósofo, da sacerdotisa e do general. A inspiração, a virtude, a harmonia, a plenitude, a beleza, a carência, a iniciação e, para arrematar, sempre ela: a ironia.

Fedro

Para elogiar Eros, Fedro[97] em momento algum cita o prazer — mas tão-somente as ações virtuosas motivadas pelo amor. Em vez de contrapor o prazer à virtude, o elogio que faz esta personagem de Platão implicitamente os reúne de forma original. Fedro cita em particular as belas mortes que são narradas na épica homérica, para mostrar como o amor está intimamente relacionado à nobreza guerreira. É inesquecível, em seu discurso, a imagem do invencível exército, constituído apenas de amantes e amados: "Quando lutassem um ao lado do outro, tais soldados venceriam, por poucos que fossem, por assim dizer todos os homens."[98] Porque os amantes não conseguem praticar atos vergonhosos diante dos amados, o amor propicia-lhes motivação para as belas ações.[99] Sobre todas as ações, a bela morte é o demarcador da vida virtuosa: Alceste que se sacrifica pelo marido é contraposta a Orfeu, que não é tão virtuoso porque não tem coragem de buscar sua amada no reino dos mortos deixando-se ele mesmo morrer. Orfeu não tem tanta coragem, *andréia*, que em grego significa a virilidade do macho, *andrós*. Fedro diz explicitamente que ele parecia efeminado, como um citarista, sem coragem de morrer por amor.[100] O grande modelo heróico é aqui também o de Aquiles, que não pelo amado mas por seu amante, abre mão da vida. Esta é a excelência da relação amorosa pederástica: quando não se trata apenas de um relacionamento unidirecional do amante para com o amado, como é o usual, mas quando o amado também é tocado por uma reciprocidade no amor (*anteros*), que alça a relação a um nível superior, a amizade (*philia*).

> Mas com efeito, o que realmente mais admiram e honram os deuses é essa virtude que se forma em torno do amor, porém mais ainda admiram-na e apreciam e recompensam quando é o amado que gosta do amante do que quando é o amante (*erastés*) que ama os meninos (*paidiká*).[101]

Outro aspecto que transparece no discurso de Fedro, importante na pedagogia pederástica, é o cultivo da poesia sapiencial que dá ao homem nobre a beleza da fala. Fedro é um amante de textos, gosto que aparecerá novamente no diálogo platônico que porta seu nome, particularmente na cena em que ele esconde zelosamente debaixo do braço o discurso de Lísias. Mais um texto que também versa sobre a deontologia erótica. No *Banquete*, Fedro cita Homero, Hesíodo e também Parmênides, que não apenas colocou Eros entre os primeiros deuses, mas também escreveu o primeiro tratado erótico filosófico, inserido na parte cosmogônica do seu Poema. Da sua erótica, sobraram-nos sete fragmentos entre os coletados por Hermann Diels.[102]

Desde o que é citado por Fedro:

> De todos os deuses que concebeu, Amor foi o primeiro.[103]

Até os versos que Hipólito atribui ao poeta:

> Mas debaixo dela há um caminho aterrador,
> encavado, lamacento; mas o melhor a conduzir
> ao prado fascinante da venerável Afrodite.[104]

Contudo, o que efetivamente Fedro propõe, segundo o modelo da pederastia aristocrática, não é um duro caminho para chegar ao fascinante prado do prazer, mas a via suave do amor para alcançar o alto cume da virtude viril: a bela morte.

Pausânias

O discurso de Pausânias é a exposição da deontologia pederástica ateniense em seu modelo mais refinado, que ele explicitamente identifica com a própria prática da filosofia. Diferente de Fedro que não cita o aspecto erótico ligado ao prazer, Pausânias inicia seu discurso invocando a sua deusa:

> Todos, com efeito, sabemos que sem Eros não há Afrodite.[105]

O seu discurso é um exame do código de cortejo pederástico dos cidadãos ilustrados de Atenas, que chega até mesmo ao aspecto jurídico de avaliação das leis da sua cidade contrastando-as com as constituições de cidades estrangeiras, onde a prática ou era liberada sem regra alguma, como na Beócia, ou proibida, como entre os jônios. Na Beócia, diz ele, como não sabem dialogar, não se impõem regras ao cortejo. Entre os bárbaros, a proibição é por conta das formas tirânicas de governo, que temem enfrentar rebeliões de associações inabaláveis de amantes.[106] O seu exame é pautado pela avaliação moral que desde o princípio trata de valorar o que é belo e o que é feio e diferenciar as práticas vergonhosas das que são dignas de elogio. O princípio moral que o orienta é o de que o amor e o prazer não são belos em si mesmos nem realizados de qualquer modo, mas somente quando praticados belamente. Assim, ele cinde o amor em dois, porque, diz ele, há duas Afrodites.

A mais antiga nasceu de Urano e não teve mãe,[107] chama-se Urânia, ou Celestial. A outra é filha de Zeus e Dione,[108] é chamada de Pandemia, ou Vulgar.

À Afrodite vulgar corresponde um Eros também vulgar, que não condiz com os modos refinados do código de conduta aristocrático dos homens belos e bons (*kalokagathói*). Os modos dos que se comportam assim não merecem ser elogiados, são modos censuráveis, vergonhosos, feios, inoportunos, indecentes, enganosos, desmedidos, desregrados, de pessoas que "fazem o que lhes ocorre, tanto o que é bom como o seu contrário".[109] Pausânias põe na conta destes amores, primeiro, os que amam "não menos as mulheres que os jovens",[110] os que preferem o corpo à alma, os menos inteligentes e os mais apressados.

Louvável é a Afrodite Celestial, que desde o nascimento não participa da fêmea, mas apenas do macho. Afrodite que nasceu na escuma das ondas, do sêmen de Urano caído no mar. É a deusa que acompanha o amor aos jovens: a deusa da pederastia. O seu Eros digno de elogios é másculo, forte e inteligente. Espera o momento em que nasce o buço e o juízo nos meninos. É um amor constante, acompanha o amor aos exercícios (*philogymnasia*) e o amor à sabedoria (*philosophia*). É um Eros que aterroriza e derruba as tiranias. Um amor que não se esconde e cresce às claras, que busca a nobreza e o caráter, que não se entrega por dinheiro ou poder.

O amado deve saber esperar para entregar-se belamente somente a um amante em vista de sua realização pessoal, para tornar-se melhor, mais virtuoso, mais sábio. Um amante que o ajude a realizar o ideal de virtude olímpica "vir-a-ser o que se é, aprendendo".[111] "É absolutamente belo entregar-se em vista da realização de si",[112] diz Pausânias. Com certeza, do seu ponto de vista, o amante ideal, aquele que preenche todos estes requisitos e tem larga experiência nessas práticas, é o próprio Sócrates. O *Banquete* é, em cada discurso, um elogio aberto ao modo de viver e comportar-se de Sócrates, e cada personagem traz uma faceta do filósofo. Platão faz Pausânias descrever como sendo a própria prática da filosofia a conduta pedagógica de Sócrates, a sua freqüentação dos ginásios de Atenas à caça de belos, inteligentes e promissores meninos.[113]

Pausânias traduz em regras e leis o modelo de comportamento socrático que, como se viu, é um modelo exigente, nem permissivo, nem proibitivo. Ao mesmo tempo que é um exercício de aperfeiçoamento de si, desenvolve-se no seio de uma relação amorosa a dois. O relacionamento entre um homem maduro, senhor de si, e um jovem que aspira a esta condição é, por sua própria situação, um campo de problematização do comportamento. O homem deve dar o exemplo e incentivar o desenvolvimento do caráter, das virtudes como a coragem, a justiça, a sabedoria e a temperança. O jovem tem de valorizar-se e aprender o domínio sobre si que lhe garantirá maturidade e liberdade, mas esta aprendizagem acontece sob exercícios e provas no terreno capcioso de Afrodite, propício à fraqueza, à desmedida, às paixões e à loucura. O campo do prazer é cindido e demarcado pela prática virtuosa, mas também é o prazer que põe à prova e educa o caráter do jovem para a plena realização de si.

Erixímaco

A deixa de Pausânias para a entrada da filosofia abre caminho para o discurso do médico Erixímaco, o discurso de um fisiólogo que traz à cena princípios da medicina e da filosofia da natureza (*physiké*) dos pitagóricos em geral e um pouco da escola de Cós,[114] de Empédocles, de Alcmeon e também de Heráclito. Assim, a primeira característica do seu discurso é a de transcender o âmbito das relações humanas e ampliar o amor para todo o universo: os corpos de todos os animais e das plantas e de tudo que existe. O médico continua valorando um bom e um mau amor, porém, seu critério não é mais o costume e as leis, mas a saúde e a doença.

A potência do amor elogiada por Erixímaco é a concórdia entre os elementos opostos: o frio e o quente, o amargo e o doce, o seco e o úmido e assim por diante, segundo as dualidades pitagóricas.[115] Concórdia, consonância, harmonia. O esquema da arte musical aplicado à totalidade do mundo traz ao salão a citação de Heráclito: "Não compreendem, como concorda o que de si difere: harmonia de movimentos contrários, como do arco e da lira."[116] Erixímaco, como devoto de Asclépio, pode até dispensar as flautas, mas nunca a lira de Apolo, o pai deste deus da medicina. Desta visada cósmica, em arco amplo passando por todos os seres vivos e pelos segredos da vida que as artes produzem, ele desliza para as questões humanas o conselho de entregar-se aos mais regrados na vida, de modo a cada um tornar-se mais regrado do que já era. O retorno ao tema da pederastia é rápido, mas suficiente para reforçar a idéia já enunciada por Pausânias de que o amor é um caminho para a educação e constituição do próprio caráter; no caso, o amor vai educar a temperança e produzir um estilo de vida.

Erixímaco chama esse de amor celeste, não da Afrodite citada por Pausânias, mas da musa Urânia.[117] O amor da outra musa, Polímnia, Erixímaco não o condena como seu antecessor, mas aconselha moderação. Sobretudo, é preciso alcançar uma mistura (*krasis*) equilibrada. Apresenta-nos assim, em vez do princípio moral de normatização dos amores e prazeres, a preocupação existencial na construção de uma medida própria, adequada e temperada para cada um segundo a sua fisiologia, a sua natureza. Esta adequação do regime dos prazeres ao indivíduo é o traço empirista da medicina hipocrática. Por outro lado, o conceito pitagórico de mistura, que já vimos em Empédocles, será caro também a essa voz de Platão que, decididamente, é um filósofo de temperamento misto. Uma mistura harmoniosa produz saúde, prosperidade e boa progenitura em todos os seres vivos. Uma mistura desmedida em que os opostos mantêm-se hostis produz doença, epidemia, intempéries. A idéia de mistura inclui e preserva, como vimos, o amor também entre homens e mulheres. Não se deve esquecer ainda que *krasis* e *mixis* são nomes gregos usuais para designar as relações sexuais, e que o verbo *migein* significa misturar e copular. A teoria da *krasis* perpassa toda a tradição pitagórica, como vimos na fisiologia de Empédocles e como bem a ilustra Parmênides:

> Quando o macho e a fêmea juntos misturam as sementes de Vênus, nas veias, a potência formadora, a partir de sangues diversos, cuidando a medida, forja um corpo bem constituído. Pois, se as potências lutam na mistura seminal, então não fazem uma unidade no corpo misturado e, furiosas, atormentam pela dupla seara o sexo nascente. (DK B 18)[118]

Mas se Apolo envia com seu arco a doença, ele mesmo é quem provê a arte da cura.[119] Para regular a medida das potências opostas nos corpos, para temperar a mistura dos amores e desejos vários, Erixímaco propõe não a lei, mas a arte. E não somente a arte da medicina, pois, como o amor é uma força harmonizadora universal, muitas são as artes propiciadoras de misturas comedidas e equilibradas. Além da boa constituição dos elementos nos corpos, a medicina também regula o regime do prazer sexual de Polímnia, bem como a temperança na arte culinária, que se lhe subordinam. É bom observar como o médico trata as artes produtoras de prazer de modo diferente do que Sócrates já as tratou no diálogo *Górgias*,[120] de Platão, em que a culinária foi vista como uma arte "aduladora" que cuida do corpo apenas de modo aparente e despreza a saúde em vista exclusivamente dos aplausos pelo prazer. Erixímaco aqui não as desqualifica, mas as ordena segundo uma hierarquia de bens.

Acima da medicina que trata dos corpos humanos, a arte amorosa vai se ampliando até tornar-se o cuidado em harmonizar toda a natureza. A arte musical, pela consonância rítmica e melódica, pelo arranjo, afinação e ressonância, produz uma boa disposição das almas, seja com a invenção criativa, seja na repetição de boas interpretações. Por meio da observação das relações harmoniosas entre as estações do ano e as estrelas, o amor pela natureza alcança a astronomia. E, saltando ao mundo supraceleste, nas artes dos sacrifícios e divinações cuida-se e purifica-se pela relação amorosa entre homens e deuses. Para Erixímaco, a mântica cuida de observar os que amam e se empenha em curá-los e salvá-los — ela é a artífice das afecções entre deuses e homens —, buscando a justiça divina e a piedade. O esquema hierárquico das artes segue o programa da ascese pitagórica: culinária, medicina, música, astronomia, mistérios. Este mesmo ordenamento ascendente será retomado no discurso de Diotima, pela voz de Sócrates. Aqui, porém, trata-se de um esquema de ascese no âmbito do conhecimento artístico, produtivo.

Nesta fala de Erixímaco, o amor, enquanto regulação das relações vitais, se apresenta como uma tarefa a ser realizada, uma obra a ser produzida. Michel Foucault observará nesta característica da erótica grega um cuidado com a estilização da vida, uma "estética da existência".[121] Mais apropriado ainda é falar de uma poética da existência, no sentido lato em que toda *poíesis* é a atividade produtiva de uma arte. Efetivamente, o que se produz é um estilo de vida, um caráter, um modo próprio de comportar-se e relacionar-se consigo, com os outros homens, com os deuses. Trata-se, na universalização do amor, da tarefa de produzir para si todo um mundo sensorial, afetivo e espiritual, de modo que a poética amorosa torna-se, de fato, uma estética cósmica. E sua obra é a própria arte, pois a obra é a vida do artista.

Aristófanes

Erixímaco tendo aberto o terreno das artes, Aristófanes, o comediógrafo, pode adentrar no campo da poesia. Fedro já citara os poetas líricos, épicos e trágicos, mas não tinha ele mesmo empreendido a tarefa da ficção. O elogio a Eros da parte de Aristófanes é a composição de um mito, que não podia deixar de ser cômico, mas que também tem inesperadamente alguns importantes elementos trágicos, e que será correspondido mais adiante quando Sócrates também usar os recursos do mito e da imagem em sua fala. A tradição platônica tende a subestimar o discurso de Aristófanes, não somente por derrisão ao gênero cômico, mas principalmente porque chegam com o preconceito alimentado pelo discurso de Defesa de Sócrates, no processo que o condenou à morte, em que o filósofo cita a comédia como a primeira expressão pública de seus acusadores. Mas Sócrates estava debochando dos acusadores, dizendo explicitamente que eram mais ridículos do que as personagens de uma comédia, só não entende quem não lê de bom humor. Aristófanes, Agatão e Sócrates vão discutir madrugada adentro no Banquete, quando todos já tombaram da refrega — são amigos e mútuos admiradores. Comédia, tragédia e dialética — os gêneros dramáticos que disputam a educação na cidade. Como não iriam se admirar? E como não iriam se confrontar? E até confundir...

O mito contado por Aristófanes é a origem de uma concepção muito difundida do amor: a atração pela "cara-metade". É também esse mito a primeira imagem da concepção platônica do desejo e do prazer, como repleção de uma falta. Idéia que será retomada no discurso de Sócrates e também no dialógo *Filebo*, que veremos mais adiante. Aristófanes anuncia que para elogiar os poderes de Eros é preciso "aprenderdes acerca da natureza humana e suas afecções".[122] O seu mito narra uma genealogia da raça humana, numa estrutura bastante parecida com os mitos de origem de Prometeu e de Adão — todos mitos essencialmente trágicos. Primeiro os homens viviam numa condição primordial idílica, poderosa e auto-suficiente, eram fortes e rápidos em dobro porque eram o dobro do que hoje somos: quatro pernas, quatro braços, duas faces numa cabeça, quatro orelhas, dois sexos... A sua forma era esférica e perfazia um todo inteiro — *holon*. Não eram dois os gêneros, mas três: o masculino, filho do Sol; o feminino, filho da Terra; e o andrógino, filho da

Lua, este com características do macho e da fêmea. Como fossem muito poderosos e se bastassem em si mesmos, voltaram-se arrogantemente contra os deuses. Outro elemento trágico: a *hybris*. Zeus os castiga partindo-os ao meio. A descrição dos homens-bola e da cirurgia de corte e costura empreendida por Zeus e Apolo é obrada toda com as figuras e o vocabulário da comédia, com direito a cambalhotas, saltos pernetas, repuxos de pele, umbigos remendados, pregas e rebites. Finda a operação, a quantidade de homens foi dobrada, mas seu poder enfraquecido à metade e, o principal, deixaram de ser auto-suficientes, ganharam a condição humana atual de seres carentes, que precisam correr atrás do que os satisfaz; não são mais todos inteiros, mas seres a que falta parte. Partidos ao meio, sobraram somente dois sexos: o masculino e o feminino, porque o andrógino também se desfez em ambos. Metades dispersadas, corriam para se enlaçar com as metades partidas e quando se uniam não se desgarravam, e de inércia e inanição sucumbiam inseparáveis. Os deuses novamente tiveram que tomar providências: então mudam os sexos dos humanos para a frente, fazem com que da união dos sexos masculino e feminino se dê a geração da prole e, o principal, fazem com que daquela união surja o gozo e a satisfação de modo a permitir que os amantes se separem e possam voltar a levar os outros afazeres da vida. Sagacidade aristofânica: o prazer não é o que atrai os amantes, mas aquilo que permite que, saciados, possam separar-se! O prazer não é um fim como meta, um fim teleológico da atividade amorosa. O prazer é um fim como extremo, que consuma e encerra o movimento do desejo, é o fim escatológico do desejo. De modo que não é o gozo o que determina o amor, mas apenas o que permite a calma desse ardor e assim tempera os ânimos da natureza humana. Assim, o amor portador de gozo é o que lhe cura a indigência da cisão primordial e ao mesmo tempo o que permite uma vida harmoniosa a cada uma das caras-metades humanas. Esta união amorosa ganha um nome muito significativo da parte do poeta. Ele a chama de *sýmbolon*. O "símbolo" é originalmente uma peça de cerâmica em forma de medalha que os amigos quebram em duas, em sinal de amizade e hospitalidade. Cada amigo é portador do que completa o outro. Aristófanes cita os dois valores do amor simbólico: *philia* — amizade recíproca, e *oikeiotés* — intimidade, ficar à vontade em casa. Assim ele fornece a chave interpretativa da sua narrativa mítica, que vai se consumar na sua definição do amor: "Portanto é ao desejo e procura do todo que se dá o nome de Eros."[123]

Mas Aristófanes não termina sua fala ao fim do mito. A língua do comediógrafo não perderia a oportunidade de fazer graça da própria situação de convívio em casa de Agatão. Explicado o amor simbólico em geral, resta ver como se comportam os gêneros e os indivíduos. Sobraram dois gêneros: o masculino e o feminino; mas restaram ainda três formas de união amorosa: uma, da maioria, provém do todo andrógino, é o amor entre homens e mulheres; já as partes masculinas que vieram do todo masculino amam homens semelhantes a si; e as partes femininas provenientes do todo feminino amam mulheres como elas. Cada um ama segundo um gosto herdado por sua natureza primordial. Aristófanes é o primeiro conviva a valorizar o amor entre homens e mulheres e relacioná-lo à geração da raça humana; depois dele, somente a fala de Diotima, no interior do discurso de Sócrates, vai ter esta consideração. Além disso, ele faz uma inversão irônica tratando o amor heterossexual como proveniente da androginia, ao passo que os outros provêm de gêneros puros; e começa a falar do amor entre homens como o mais audacioso, corajoso e viril. Único no banquete a não compartilhar do gosto pela pederastia, Aristófanes faz um debochado elogio aos que amam os meninos. "Dizem alguns que eles são despudorados, mas estão mentindo [...] prova disso é que, uma vez amadurecidos, são os únicos que chegam a ser homens para a política."[124] Como último gracejo alude às relações dos presentes: "E não me suponha Erixímaco, estar fazendo comédia no discurso, como se falasse de Pausânias e Agatão..."

Agatão

O que Aristófanes insinua de Agatão já é o prenúncio do tom floreado e do discurso maneirista do anfitrião e celebrado tragediógrafo. Mas Agatão não faz seu elogio em tons de tragédia; como poeta conhecedor dos gêneros literários, ele escolhe a forma correta com que se faz um encômio e produz um contagiante hino a Eros. Mas é tão exageradamente contagiante que chega a raiar o riso... Também do ponto de vista retórico, Agatão escolhe a estrutura correta de ordenar o conteúdo de um elogio, que ele mesmo descreve à guisa de introdução: "A única maneira correta de qualquer elogio a qualquer um é, no discurso, explicar em virtude de que natureza vem a ser causa de tais efeitos aquele de quem se estiver falando."[125]

Eros, para Agatão, é entre os deuses o mais belo e o melhor. O mais jovem, portador de amizade e paz, delicado, úmido, de bela compleição, tez suave, florido, perfumado, este é o seu aspecto. Entre as virtudes é justo porque afasta a violência e temperante porque domina os prazeres e os desejos; é corajoso porque o amante suplanta o guerreiro porquanto Afrodite enlaça Ares. É sábio e poeta máximo porque engendra os próprios poetas e tem o dom da criação entre os seres vivos; tem ainda a sabedoria das artes que por Amor se consumam: a arte do arqueiro, a medicina, a adivinhação, as músicas, a metalurgia, a tecelagem e a política. Eros sobressai entre os deuses, dominando Ares, Apolo, Hefesto, Atena e o próprio Zeus. Até mesmo as questões entre os deuses são regradas pelo Amor — amor da beleza, evidentemente. É o deus da intimidade que preside as reuniões conviviais e os banquetes, é o guia nas festas, nos coros e nos sacrifícios,

> pródigo de bem-querer e incapaz de mal-querer; propício e bom; contemplado pelos sábios e admirado pelos deuses; invejado pelos desafortunados; do luxo, do requinte, do brilho, das graças, do ardor e da paixão, pai; diligente com o que é bom e negligente com o que é mau; no labor, no temor, no ardor da paixão, no teor da expressão, piloto e combatente, protetor e salvador supremo, adorno de todos os deuses e homens, guia belíssimo e excelente, que todo homem deve seguir, celebrando-o em belos hinos, e compartilhando do canto com ele encanta o pensamento de todos os deuses e homens.[126]

Agatão, terminando sua fala, arrancou aplausos calorosos dos seus convivas. Acabara de enlevar os ânimos com mais força do que o vinho que já vinham bebendo. Ao elogiar com verve o Amor, revelava-se ele mesmo o belo e virtuoso jovem, o objeto de desejo e prazer que despertaria as cenas subseqüentes de amor e de ciúme.

Sócrates

Sócrates estava à esquerda de Agatão, era o seu convidado de honra, a ele cabia a fala seguinte, ele, o mestre dos discursos, mestre também na arte de amar e educar os jovens. A tarefa de Sócrates era dupla e por isso mesmo delicada: cabia-lhe refutar e seduzir o jovem que recebia os convivas e que estava naquela ocasião sendo recebido entre os melhores, maduro em sua educação bem-sucedida e premiada com o maior louvor entre os poetas. Se refutasse com firmeza excessiva, indispunha-se com o belo. Se não o refutasse, não mereceria a condição de mestre no amor. Que refutaria ninguém duvidava, mas todos estavam esperando para ver como o faria na condição de erasta.

Desta vez, Sócrates usa de sua ironia no abuso da lisonja: elogia o discurso de Agatão pelo colorido admirável, pela beleza dos termos e dos períodos, pelo estilo enfeitiçante à moda da alta oratória do mestre Górgias, a terrível cabeça de Górgona que petrifica os adversários.[127] A beleza em todo o seu esplendor de agrado e adorno. Termina dizendo que não seria capaz de elogiar tão belamente o deus, pede para fazê-lo a seu modo, pois sabe somente... dizer a verdade!

> Vê então, Fedro, se por acaso há ainda precisão de um tal discurso, de ouvir sobre o Amor dizer a verdade, mas com nomes e com a disposição de frases que por acaso me tiver ocorrido.[128]

Obtido o assentimento do simposiarca, Sócrates começa a falar a seu modo: interroga Agatão. Parte de uma deixa do próprio discurso do rapaz: Amor é amor de algo, precisamente amor do belo. Passo a passo, vai levando o interlocutor a contradizer seu discurso. O amor do belo é assim porque deseja o belo. E se o deseja... é porque carece dele e não porque o possui! Todos os belos predicados que Agatão atribuiu ao deus agora é forçado a retirá-los, não por obra de refutação de Sócrates, claro, mas por assentir com a verdade.[129]

Refutado em dois tempos o jovem poeta, em seguida é que vai de fato começar o discurso de Sócrates sobre Eros, mas nesse momento este se retira, como não sendo detentor de nenhum saber, e passa a palavra sapiencial a uma terceira, assim como faz Platão em seus diálogos. A teoria acerca do Amor que agora vai pronunciar repete o que ouviu de uma sacerdotisa de Mantinéia,[130] na ocasião em que ele mesmo Sócrates foi por ela refutado, como acabou de acontecer com Agatão. Com este artifício, reconcilia-se com o Anfitrião antes que este pudesse sentir qualquer mágoa, afinal, os dois agora estariam na condição de aprendizes e amantes da sabedoria, os dois igualmente refutados iriam contemplar a verdade da sacerdotisa. Assim, Sócrates passa a palavra a Diotima.

Diotima

Diotima, mesmo se for uma ficção de Sócrates,[131] é a única presença feminina no Banquete, mas é ela que trará o discurso sobre Eros que será reputado pela tradição como a verdadeira teoria do amor platônico. Como prometido, ela refuta um Sócrates jovem, exatamente como este acabou de fazer com Agatão, e continua com mais veemência:

> "— Que dizes, ó Diotima? É feio então Eros, e mau?
> E ela: — Não vais te calar? Acaso pensas que o que não for belo é forçoso ser feio?"[132]

Diotima apresenta Eros não como um deus mas como uma divindade intermediária entre um deus, perfeito e belo, e um mortal, carente de tudo. Eros, nem belo nem feio, nem deus nem mortal, é um grande dêmone (*daimon*), que faz a intermediação entre homens e deuses, que vela por súplicas e sacrifícios de uns, e traz ordens e recompensas dos outros. Para esclarecer sua natureza, a sacerdotisa narra sua genealogia:

> Quando nasceu Afrodite, banqueteavam-se os deuses, e entre os demais se encontrava também o filho de Astúcia (*Metis*), Recurso (*Poros*). Depois que acabaram de jantar, veio para esmolar do festim a Pobreza (*Pênia*), e ficou pela porta. Ora, Recurso, embriagado com o néctar — pois vinho ainda não havia —, penetrou o jardim de Zeus e, pesado, adormeceu. Pobreza então, tramando em sua falta de recurso (*aporia*) engen-

drar um filho de Recurso, deita-se ao seu lado e pronto concebe o Amor (*Eros*). Eis por que ficou companheiro e servo de Afrodite o Amor, gerado em seu natalício, ao mesmo tempo que por natureza amante (*erastés*) do belo, porque também Afrodite é bela. E por ser filho o Amor de Recurso e de Pobreza foi esta a condição em que ele ficou. Primeiramente ele é sempre pobre, e longe está de ser delicado e belo, como a maioria imagina, mas é duro, seco, descalço e sem lar, sempre por terra e sem forro, deitando-se ao desabrigo, às portas e nos caminhos, porque tem a natureza da mãe, sempre convivendo com a precisão. Segundo o pai, porém, ele é insidioso com o que é belo e bom, e corajoso, decidido e enérgico, caçador terrível, sempre a tecer maquinações, ávido de sabedoria e cheio de recursos, a filosofar por toda a vida, terrível mago, feiticeiro, sofista: e nem imortal é a sua natureza nem mortal, e no mesmo dia ora ele germina e vive, quando enriquece (*euporese*); ora morre e de novo ressuscita, graças à natureza do pai; e o que consegue sempre lhe escapa, de modo que nem empobrece (*aporei*) o Amor nem enriquece, assim como também está no meio da sabedoria e da ignorância. Eis com efeito o que se dá...[133]

Diotima, como Agatão, segue estritamente a estrutura retórica do elogio, sem nunca ter estudado com Górgias, mas onde o poeta só apresentava belas qualidades, aqui aparecem qualidades de duplo valor, oriundos da ascendência nos opostos, parte devida à Carência, parte devida a Recurso. Se antes o retrato de Eros assemelhava-se muito ao do próprio Agatão, delicado e belo, agora este retrato se parece com a própria figura de Sócrates: "a filosofar por toda vida, terrível mago, feiticeiro, sofista." É que o poeta tomara por modelo o amado, o erômeno, e agora Diotima descreve Eros como o amante: erasta.[134] Antes era o objeto do amor, agora é o próprio impulso do desejo.

Mas a sacerdotisa não cessa o discurso apenas revelando a natureza de Eros, precisa, também, para completar o encômio, dizer que vantagens este dêmone traz para a humanidade. O amor busca a beleza para realizar "um parto em beleza, tanto no corpo quanto na alma".[135] O amor busca na beleza ser criador e procriador. "Partida e Parteira do nascimento é a beleza."[136] Assim corrige o que se disse antes: Amor não é amor do belo, mas da geração e da parturição no belo. É que a geração para os mortais é o meio por que podem aspirar e alcançar a imortalidade e tudo quanto ela tem de divino e belo. A geração faz com que, antes de morrer, venha um ser novo em lugar do velho. Vai-se o indivíduo, corroído pelo passar do tempo, fica a forma perene, a espécie (*eidos*). Deste modo reconcilia-se a forma mortal com a imortal, o mundo passageiro com a eternidade, na contínua renovação do ciclo natural da vida. Reconcilia-se na procriação também a união do homem com a mulher, que não andava muito prestigiada nos discursos anteriores, ressalvado Aristófanes. Aliás, o discurso de Diotima retoma a idéia do amor como busca pelo preenchimento de uma carência como no mito da cara-metade, mas ela vai corrigi-lo em um aspecto importante: a carência primordial não é a de uma outra metade perdida, mas a busca da integridade total da beleza, que não é satisfeita com uma outra metade, com um outro indivíduo, com nenhum recorte parcial, mas só se realiza quando alcança a última e mais universal idéia do belo em si mesmo.

Porque não são apenas os corpos vivos que buscam pela geração no belo a imortalidade, também as almas a buscam pela beleza das ações virtuosas, e ainda a buscam os que se ocupam das artes e das ciências. Diotima retoma os exemplos de amor heróico já mostrados por Fedro: o de Alceste, de Aquiles, e acrescenta o de Codro,[137] que com suas mortes virtuosas deram imortalidade à glória de suas virtudes. Entre os amantes das virtudes que desenvolvem o amor pelos belos jovens, contam sobretudo os que amam a prudência e a justiça, tanto no comportamento doméstico quanto na política:

> Os corpos belos mais que os feios ele os acolhe, por estar em concepção; e se encontra uma alma bela, nobre e bem dotada, é total o seu acolhimento a ambos, e para um homem desses logo

> ele transborda em discursos sobre a virtude, sobre o que deve ser o homem bom e o que deve tratar, e tenta educá-lo.[138]

Entre esses nobres erastas, Diotima cita os bons poetas, como Homero e Hesíodo, e os honrados legisladores, como Licurgo e Sólon, que não apenas deixaram suas belas obras imortais como produziram incontáveis filhos entre os admiradores que fazem-nas reviver. Geraram os valores e as leis das virtudes ensinadas e emuladas continuamente pelos gregos.

Depois de tratar do amor procriador da vida e da pederastia educadora das virtudes, Diotima entra na parte mais importante de seu ensinamento, a teoria erótica iniciática — a ascese amorosa que vai conduzir o amante da beleza à contemplação máxima da idéia do belo em si mesmo. A tradição neoplatônica vê aqui o cerne da doutrina erótica de Platão, porque se adéqua a um mesmo esquema de transição por etapas iniciáticas como na famosa Imagem da Caverna, descrita no sétimo livro da *República*. Nesta doutrina é que o amor do belo se confunde com a educação do filósofo e com a própria idéia platônica de filosofia. Essa tradição vai embevecer-se sobretudo com os aspectos misteriosos, místicos, dessa doutrina e vai constituir em cima desses detalhes o seu edifício dogmático.

Diotima explica em detalhe cada etapa da ascese amorosa e como ultrapassá-la para a seguinte, a superação de cada degrau implica alcançar um maior grau de universalidade e beleza, de modo que as etapas anteriores são subsumidas pelas posteriores. São sete etapas, sete graus de iniciação amorosa, em número que exprime o valor pitagórico da harmonia. Amor de um corpo, e depois de todos os corpos, segue-os o amor das almas, e dos belos ofícios, das leis, das ciências, até chegar na mais alta ciência amorosa, aquela que contempla o belo em si mesmo por si mesmo. Ao fim da exposição dessa escalada iniciática, ela a repete, resumindo-a em uma frase:

> Eis, com efeito, em que consiste proceder corretamente nos caminhos do amor ou por outro se deixar conduzir: em começar do que aqui é belo e, em vista daquele belo, subir sempre, como que se servindo de degraus, de um só para dois e de dois para todos os belos corpos, e dos belos corpos para os belos ofícios, e dos ofícios para as belas ciências até que das ciências acabe naquela ciência, que de nada mais é senão daquele próprio belo, e conheça enfim o que em si é belo.[139]

A meta da escalada não é, contudo, apenas um último degrau, mas aquilo em vista de que todo o processo se faz desde o início. O próprio belo em si mesmo é também o que dá sentido e torna bela cada etapa anterior e cada um dos seus objetos. Apesar de apresentado como o sumamente transcendente, tudo o mais que é belo só o é porque participa desta idéia superior, de modo que ela também só ganha sentido à medida que se passa e ultrapassa cada degrau que se lhe subordina. A ênfase no caráter separado e transcendente, ou no aspecto da participação, é decisiva no sentido interpretativo da doutrina. De fato, Platão pede uma compreensão que não se acovarde em face do paradoxal de reunir as idéias opostas de separação (*khorismós*) e participação (*metexis*). Não é à toa que, do mesmo modo que Sócrates, Platão venha abrigar entre seus discípulos diretos tanto os partidários do prazer como um bem quanto ascetas que o condenam porque devem superar os níveis inferiores de amor e beleza, e vai propiciar mais adiante até mesmo os que pretendem encontrar o êxtase na própria transcendência. No discurso de Diotima, a transcendência ideal só é alcançada pelos homens que perpassaram o correto amor pelos jovens e que cumpriram cada etapa do percurso amoroso — não se oferece um salto sem esforço e sem a experiência dos diversos níveis de amor, não se condena de modo precipitado e ingênuo as etapas que têm de ser vividas para serem superadas. Por isso, tratar o amor platônico como um desprezo absoluto pelos níveis inferiores do amor não é considerá-lo em seu todo, mas apenas ter dele uma visão parcial — ao final das contas avessa à própria idéia de transcendência.

Mas a descrição do belo em si mesmo feita por Diotima é muito encantadora, e corremos o risco de nos encantar com os vinte períodos de qualificação privativa antes de perceber a decisiva frase de sua positiva universalidade calcada sobre a participação de tudo que é belo neste belo culminante:

> Aquele, pois, que até esse ponto tiver sido orientado para as coisas do amor, contemplando seguida e corretamente o que é belo, já chegando ao ápice dos graus do amor, súbito perceberá algo de maravilhosamente belo em sua natureza, aquilo mesmo, ó Sócrates, a que tendiam todas as penas anteriores, primeiramente sempre sendo, sem nascer nem perecer, sem crescer nem decrescer, e depois, não de um jeito belo e de um outro feio, nem ora sim ora não, nem quanto a isso belo e quanto àquilo feio, nem aqui belo, ali feio, como se a uns fosse belo e a outros feio; nem por outro lado aparecer-lhe-á o belo como um rosto ou mãos, nem como nada que o corpo tem consigo, nem como algum discurso ou alguma ciência, nem certamente como a existir em algo mais, como, por exemplo em animal da terra ou do céu, ou em qualquer outra coisa; ao contrário, aparecer-lhe-á ele mesmo, por si mesmo, consigo mesmo, sendo sempre uniforme, enquanto tudo mais que é belo dele participa, de um modo tal que, enquanto nasce e perece tudo mais que é belo, em nada ele fica maior ou menor, nem nada sofre.[140]

É inegável que Diotima dá margem e até estimula uma interpretação ascética de leitura, que vai predominar em todo o platonismo, quando em seu êxtase transcendente embriaga-se com a contemplação da idéia do "próprio belo, nítido, puro, simples, e não repleto de carnes humanas, de cores e outras ninharias mortais, mas o próprio divino belo em sua forma única".[141] Mas essa é a descrição do belo em si mesmo e não de todo o percurso filosófico que se cumpriu para alcançá-lo. No entanto, como todos nós, os convivas da festa de Agatão estão etereamente suspensos nas nuvens quando Sócrates termina a transcrição da fala iniciática, dizendo que somente então hão de produzir-se reais virtudes e não suas sombras, porque hão de tocar o próprio real. Todos não, quase todos; Aristófanes não parece estar suspenso e quer dizer alguma coisa mas... o real, o próprio real interrompe intempestivamente e sem pedir licença o banquete, com o alarido desavergonhado de sua entrada.

Alcibíades

É claro que a entrada de Alcibíades serve a Platão para mostrar como não deve se portar um homem na condução de sua paixão erótica. Mas Platão é e sempre será filósofo, de modo que também pelos modos destemperados e pela fala embriagada de Alcibíades será dita a verdade.[142] Afinal, como diz o provérbio: no vinho está a verdade!

Alcibíades chega em alvoroço, pelos braços da flautista, cingido com uma coroa bacante de hera e violetas, senta-se entre Agatão e Sócrates, sem perceber este último. Passa a coroa ao homenageado e leva um susto quando se volta e vê Sócrates ao seu lado. Alcibíades reclama da proximidade entre os outros dois... e Sócrates já previne Agatão do ciúme e da fúria amorosa do general que já foi o mais belo e cobiçado jovem ateniense.

Alcibíades toma parte das fitas e das flores que pôs sobre Agatão e coroa também Sócrates porque "vence em palavras todos os homens, não só ontem como tu, mas sempre".[143] Sem saber da contenda de discursos amorosos, o recém-chegado juiz entrega os prêmios aos vencedores. Não apenas juiz, o varão toma em seguida o cargo de simposiarca: "Vós pareceis em plena sobriedade. É o que não se deve permitir entre vós, mas beber."[144] Voltamos ao tópico clássico da temperança nos prazeres: a medida e a desmedida. Mas que importa a medida para a constituição natural de Sócrates? "Quanto se lhe mandar, tanto ele beberá, sem que por isso jamais se embriague."[145]

Erixímaco intervém, pois beber assim "como os que têm sede", por pura necessidade, não é digno de uma festa entre os melhores, entre homens nobres e livres é preciso desempenhar sua aristéia, mostrar o seu valor na refrega: é preciso ou cantar ou falar alguma coisa de valor, e o desafio que está em jogo é o elogio a Eros!

Alcibíades pondera que não vai disputar de igual para igual, visto que somente ele está embriagado, e tenta voltar-se ainda para o que dissera Sócrates, dizendo que este é que era o ciumento, e não permitia que ele louvasse a ninguém mais, seja homem seja deus!

Erixímaco aproveita a deixa e com brilhante ironia propõe que ele então louve Sócrates. Agatão louvou Eros como amado, o erômeno. Sócrates o corrigiu, louvando Eros como amante, o erasta. Agora Alcibíades vai louvar o mestre erasta dos banquetes, que foi o seu próprio amante. Vai tirar a máscara dos discursos de perspectiva universal e trazer a contenda para os indivíduos, na intimidade da alcova.

Alcibíades, para descrever e elogiar Sócrates, recorre à imagem das estatuetas de Sileno. Sileno é o sábio sátiro do cortejo de Dioniso, de aparência muito feia, meio homem, meio bode, em grego: *tragos*. Aquele que guarda a sabedoria trágica da finitude do mundo e dos homens, o sábio que não se deixou prender por Creso. Quando o mais rico dos reis agarrou-o e lhe perguntou: qual a suprema felicidade? A contragosto respondeu: Felicidade maior é nunca ter nascido. Se já nasceu, morrer o quanto antes! E escapuliu, deixando o rei sobrando em perplexidade. As estatuetas de Sileno, como nossos santos coloniais, têm pau oco, e neles se escondem preciosas imagens de deuses. Que imagem tão reveladora de Sócrates, cuja aparência é tão notoriamente feia, e no discurso esconde maravilhosas belezas! E mesmo os seus discursos começam aparentando ninharias, interrogando, tratando de oleiros e sapateiros, e acabam por alcançar o êxtase nas mais altas esferas do mundo supraceleste.

Não apenas Sileno, como também Mársias, outro sátiro, o flautista mais encantador, mais sedutor, que ousou desafiar o próprio Apolo e por ele foi vencido e esfolado. Sócrates encanta e, como os flautistas, mas sem a flauta, entusiasma e extasia a quem o ouve. Todos ali acabaram de ser testemunhas.[146] Mas desafiou ele o Deus? Os juízes do Tribunal dos Heliastas houveram que sim, e o esfolaram com a cicuta. Porque flautou demais entre os jovens a música da filosofia. Um sátiro sábio, que se esgueira, um sátiro poeta que entusiasma, como Platão não saberia fazer uma imagem melhor da ironia dialética e da sedução pederástica de Sócrates? Mas precisou usar a máscara bacante do bêbado despudorado.

Descrita sua natureza, descrevam-se agora os seus efeitos, como em todo elogio. Para os efeitos de Sócrates, Alcibíades se abre em confissão:

> Muito mais que aos coribantes em seus transportes bate-me o coração, e lágrimas me escorrem sob o efeito de seus discursos [...] A custo, então como se me afastasse das sereias, eu cerro os ouvidos e me retiro em fuga, a fim de não ficar sentado lá e aos seus pés envelhecer. [...] eu, é

> diante deste homem somente que me envergonho. [...] no estado do que foi mordido pela víbora [...] mordido pelos discursos filosóficos que têm mais virulência que a víbora.[147]

Desfia a descrição da mais perfeita adicção, o homem completamente prostrado à droga que lhe impõe o desejo, que lhe dá prazer, que o alucina e o consome. Alcibíades é totalmente incontinente em sua paixão por Sócrates. Mas aquele homem o desdenha, brinca com seus sentimentos, ironiza. E não somente com ele, mas com outros belos jovens — Carmides, Lísias, Eutidemo e muitos mais. Ele não se curva nem à sua beleza, nem a riquezas ou honrarias. Em seu elogio de amor ferido, as portas da intimidade vão se abrindo uma após outra, os acompanhantes vão sendo despachados um a um, até que em sua confissão chega aos pés do leito completamente a sós com o homem. Alcibíades, quando era o jovem mais belo, mais desejado, mais cortejado, tenta entregar-se; mas depois de conversar, Sócrates simplesmente vai embora. Alcibíades convida-o para a ginástica; mas depois de lutarem, Sócrates vai embora. Por fim, convida-o para jantar "como um amante armando uma cilada ao bem-amado", uma, duas vezes, com as luzes apagadas, totalmente possuído, Alcibíades faz a proposta, que em cada termo segue as regras da pederastia aristocrática, já enunciadas por Pausânias, salvo por um mísero e miserável detalhe. Ele, o jovem, que deveria ser o amado e ouvir a proposta, apaixonado, toma a iniciativa e o lugar de amante, erasta, que devia ser desempenhado pelo mais experiente:

> Tu me pareces ser um amante digno de mim, o único, e te mostras hesitante em declarar-me. Eu porém é assim que me sinto: eu acho inteiramente estúpido não te aquiescer não só nisso como também em algum caso em que precisasses ou de minha fortuna ou dos meus amigos. A mim com efeito, nada me é mais digno de respeito do que me tornar eu o melhor possível, e para isso creio que nenhum auxiliar me é mais importante do que tu. Assim é que eu, a um tal homem recusando meus favores, muito mais me envergonharia diante da gente ajuizada do que se os concedesse, diante da multidão irrefletida.[148]

A resposta e a atitude de Sócrates não poderia ser mais irônica, em tudo que a ironia socrática tem de aparente inversão, fundo de verdade e insolente finta de esgrima:[149] primeiro diz ao rapaz que se fosse verdadeiramente por sabedoria que ele queria trocar os seus favores, realmente a troca lhe seria muito vantajosa, mas como nem sábio nem nada ele é, ainda seria preciso que o jovem muito aprendesse a enxergar.

Vergonha das vergonhas, tendo passado a noite abraçado com Sócrates, tudo se passou como se tivesse dormido com o próprio pai ou um irmão mais velho... Nisto, os juízes que condenaram Sócrates tinham inteira razão: ele realmente corrompia a juventude ateniense, transformando os jovens de amados em amantes, invertia-lhes o seu papel social. E se ao fim se tornassem amantes do saber, então a perversão não podia ter sido mais completa.

Alcibíades continua a sua descrição de um Sócrates amigo dos exercícios e das fadigas, forte tanto em jejuar quanto em beber o quanto fosse, resistente às intempéries, sempre a andar descalço mesmo sobre o gelo, de comportamento insólito[150] quando ficava abstraído em suas idéias, valente nas batalhas, desinteressado de honrarias. Mesmo os heróis épicos não o superariam em virtudes. Mas este virtuosíssimo Sócrates o enganou, fez com que ele se passasse por amante em vez de amado. Sem poder ser mais direto, Alcibíades previne Agatão para não se deixar assim ludibriar.

Sócrates revida o golpe dizendo que o discurso de Alcibíades em tudo foi movido por ciúmes e que a intenção oculta não era senão indispô-lo com Agatão, para, ao fim das contas, permanecer sendo o único amado de Sócrates e ainda tornar-se o único amante de Agatão! Que astuciosa volta! Porém, não o acusa de ter mentido.

O erótico troca-troca de lugares que se segue ao discurso não deve em nada às encenações de comédias. A clássica interpretação de Wilamowitz sobre a famosa questão tratada no epílogo do *Banquete* é bem justificada. Agatão, Aristófanes e Sócrates são os únicos que resistem ao sono e viram a noite conversando; pela manhã Aristodemo os encontra discutindo se um mesmo homem, por arte poética, é capaz de fazer uma comédia e uma tragédia. Sócrates os força a admitir que sim. Todos nós sabemos que este homem é Platão. Wilamowitz diz que a tragédia é o diálogo *Fédon*, e a comédia, o *Banquete*.[151]

Lisis

A Erótica platônica não se restringe ao *Banquete*. Tão entranhada está à sua idéia de filosofia, que perpassa ainda muitos dos outros diálogos, mas com certeza alguns se concentram mais no tema. Veremos ainda outros dois: o diálogo *Lisis*, antes do *Banquete*, e o diálogo *Fedro*, depois. No primeiro diálogo, o jovem Lisis, filho de Demócrates, é um belo menino de 12 anos que já atrai os olhares e provoca ardores em seus amantes. No diálogo *Fedro*, outra personagem de nome parecido: Lísias, filho de Céfalo, é o orador excelente e autor do texto que vai desencadear toda a discussão sobre o amor e a loucura.

O diálogo *Lisis* é um dos diálogos ditos socráticos, os primeiros que Platão escreveu, também chamados de "aporéticos" porque terminam aparentemente sem solução. Está em causa a *philia*, a amizade ou amor recíproco. A característica desses diálogos é a busca pela definição de uma virtude, passando pela desconstrução de várias definições tradicionais e não chegando efetivamente a nenhuma:

> Se de fato nem aqueles que são objetos de amor/amizade (*philoumenoi*), nem aqueles que sentem amor/amizade (*philountes*), nem aqueles que são semelhantes, nem os que são dessemelhantes, nem os bons, nem os que são aparentados, nem todas as outras espécies que examinamos (pois eu mesmo já nem me lembro de tantas que eram), se no entanto em nenhuma delas está a amizade, em verdade, já não tenho o que dizer.[152]

Mas também é característico desses diálogos ver a própria coisa acontecendo dramaticamente diante dos olhos, enquanto sua definição escapa na conversa. De modo que Sócrates não chega a definir o que é a amizade e o amor, mas dá uma aula sobre como conquistar e seduzir os jovens para torná-los seus amorosos amigos. O jogo de contraste entre definição e realização é evidenciado na última fala de Sócrates aos dois meninos:

> Agora, Lisis e Menexeno, eu disse, caímos no ridículo, tanto vós como o homem adulto que sou! Pois aquela gente que parte dirá de nós que nos consideramos mútuos amigos (já me intrometo entre vós!) mas que ainda não conseguimos descobrir o que é o amigo![153]

Platão passou sua mensagem muito mais pela narrativa das ações do que efetivamente pela força dos argumentos de Sócrates, os quais só fizeram destruir-se um pelo outro ao longo da conversa. Mas quais foram estas ações, quais as suas peripécias?

Sócrates caminhava vindo da Academia para o Liceu (então apenas os nomes de um parque e de um ginásio dedicado a Apolo), quando é interpelado por Hipótales e Ctesipo. Eles o convidam para conhecer uma nova palestra, freqüentada por jovens moços, onde passam o tempo a dialogar. Sócrates logo pergunta: que nova beleza encontraram por lá? Hipótales enrubesce e Ctesipo revela que o outro está apaixonado pelo menino Lisis. Narra, com deboche, o quanto o apaixonado se porta de modo ridículo: falando sem parar do bem-amado, recitando versos e compondo canções, louvando a beleza, a riqueza, e até as honras dos seus antepassados. Falando como uma velha e tratando o amado como uma menina delicada. "Não bate bem, diz Ctesipo, só delira e comete loucuras."[154]

Sócrates logo o ironiza: enchendo a bola assim do amado você o torna mais empinado, arrogante, e conseqüentemente mais difícil de conquistar, como um caçador que atiça e espanta a caça. Hipótales então lhe pede conselho sobre que palavras dizer e sobre o que fazer para amigar-se ao seu querido. Para Sócrates, isso é difícil de dizer, de modo que ele se sente forçado a dar o exemplo e mostrar como se faz.

Entram na palestra e, feita alguma cena, rapidamente aproximam-se deles os amigos Menexeno e Lisis, bem como vários outros jovens e meninos. Sócrates brinca com os dois amigos: quem de vocês é o mais velho, qual é de melhor família, não pergunto quem é o mais rico porque entre amigos tudo se partilha... Menexeno é chamado para ajudar o treinador a preparar a cerimônia. Sócrates aproveita para interpelar Lisis sobre o amor que os seus pais lhe têm. Por amor deixam que ele faça tudo o que deseja e o mimam? Pouco a pouco, Sócrates vai mostrando como o pequeno ainda não tem autonomia em nada, que toda a sua vida é submetida a treinadores, condutores, acompanhantes. Qualquer servo tem autoridade sobre ele enquanto não ganhar conhecimento para conduzir-se por si só. Isso tudo porque tem o verdadeiro amor dos pais. Depois de uma longa preleção em que mostrou o quanto o jovem era menor, olha de soslaio para Hipótales como a lhe dizer: “Aprende como se deve tratar a quem se quer seduzir!”

Menexeno retorna, e a conversa sobre o amor e a amizade (*philia*) segue seu curso dando voltas, muitas voltas. Amam-se os semelhantes? E a competição, a inveja? Amam-se os dessemelhantes? Como pode o bom amar o mau? Amam-se os bons? Mas quem é bom precisa de algo mais, busca alguém mais? Se precisa de algo, pode ser totalmente bom? Amam-se os que têm afinidade ao bom? Mas em que a afinidade é diferente da semelhança? É possível haver amor sem ser correspondido? Ama-se e deseja-se o que não se tem? Ama-se o bem? Ama-se sendo bom, sendo mau ou não sendo nenhum dos dois? Já sabemos aonde a conversa vai chegar... não chega propriamente a lugar nenhum, na sempre recorrente *aporia* socrática, na sua reconhecida estranheza — *atopia*. Mas que houve no curso dessa conversa? Não só Lisis, como seu amigo Menexeno embeveceram-se das palavras e encantaram-se com o discurso de Sócrates.

Aprendeste, Hipótales?

Lísias

O tema do amante delirante vai retornar em um dos últimos diálogos de Platão, agora como argumento do discurso escrito por Lísias, o grande orador (discípulo do fundador da retórica, Tísias), discurso que Fedro guarda zeloso sob o braço para atiçar a curiosidade de Sócrates. O diálogo *Fedro* é certamente das composições mais geniais de Platão, mas não vamos explorá-lo senão no que concerne à tematização erótica e às relações com os prazeres.

O discurso de Lísias é mais uma peça oratória da deontologia pederástica ateniense. Mas o discurso moral que ele desfia é belo tanto pela forma retórica precisa, na disposição e no vocabulário, como pela estranheza da tese, a princípio bastante paradoxal. O tema versa sobre a que tipo de amante um amado deve entregar-se. Portanto, sobre a virtude do erasta. A tese de Lísias é que o amado nunca deve entregar-se a um amante apaixonado. A princípio parece mesmo absurdo: Como? Não se entregar a um amante que ama? Então, deve-se ceder somente a quem não ama?

> Lísias compôs um texto que trata da sedução de um belo, mas não por um amante (erasta). Esta é sua engenhosidade: diz que é melhor dar sua graça a um não amante do que a um amante.[155]

Em verdade, não é exatamente um texto teórico, mas o próprio discurso de sedução de um homem que sustenta que é a ele que o belo deve se entregar, justamente porque não é um amante. A tese se sustenta nos argumentos dos benefícios e malefícios que um amante pode proporcionar ao seu amado. O texto é delicioso pela descrição das trapalhadas que um erasta apaixonado costuma fazer, e que resultam em prejuízo de quem ele ama. A causa de tanto extravio de si é a própria paixão, apresentada como uma doença:

> Eles mesmos concordam que estão mais doentes (*noséin*) do que com espírito temperado (*sophronéin*) e sabem que estão mal do juízo (*kakós phronousin*) e não conseguem dominar a si mesmos.[156]

Novamente é retomado o valor do autodomínio, que configura a maturidade e a liberdade de um homem nobre. O apaixonado, sem domínio sobre seu desejo e sobre seus atos, é um fraco, um imaturo, um escravo da sua paixão. E é portanto superado pelo não apaixonado, tanto em virtude quanto em capacidade de trazer vantagens ao belo rapaz.

> Os que não amam (*mé erontas*) dominam-se a si mesmos e, a despeito da fama entre os homens, escolhem o que é melhor.[157]

Como resultado da paixão doentia, não só os amantes perdem o domínio sobre si, como prejudicam o amado, porque não o querem suscetível a nenhum outro amigo, ou a ninguém que lhe possa proporcionar algum bem em seu lugar. O ciúme o corrói. Além disso, torna-se um adulador do amado, mesmo quando este não vai bem, para ser sempre amável e não vê-lo irritado contra si. E, sobretudo, buscando satisfazer um desejo de prazer imediato, este amante não tem nenhuma consideração sobre o desenvolvimento e o futuro do amado. Já o que não ama, em sã consciência, pode agir de modo diferente e ser virtuoso:

> Não cuidarei do prazer atual relacionando-me contigo, mas de te procurar vantagens futuras, não me deixando vencer pelo amor, terei domínio sobre mim, não me deixando levar por frivolidades a brigas violentas...

Lísias enfim enterra completamente a figura do amante, tratando-o, ao longo de sua argumentação, de aflito, carente, mendigo, covarde, adulador, ciumento, fraco, doente, demente. O não amante é descrito como seu antípoda. O longo período em que o orador rememora os tópicos do discurso e o arremata é de uma pungência vertical:

> Mas talvez convenha não se entregar aos carentes ardorosos, mas aos mais capazes de retribuir a graça; nem aos meramente suplicantes, mas aos que merecem a coisa; nem àqueles que hão de gozar de tua primavera, mas a estes que, advindo a velhice, partilharão os seus bens; nem aos que, consumado o ato, irão vangloriar-se ante os outros, mas a estes que com pudor silenciarão ante todos; nem aos que por pouco tempo se empenham, mas aos constantes que por toda a vida serão amigos; nem a estes que, cessando o desejo, buscarão pretexto de intriga, mas àqueles que, cessando a flor da idade, então hão de demonstrar sua virtude.[158]

Ao fim da leitura do discurso, Fedro está maravilhado e Sócrates quase debocha de seu enlevo. Chega a dizer que ao seguir sua leitura compartilhou o seu transe báquico. Elogia o estilo claro, redondo, o uso preciso das expressões, mas fica reticente quanto ao que devia ser dito, a verdade do conteúdo. Muito belo quanto à *dispositio*, à ordem das frases e à exposição dos tópicos, mas repetido aqui e ali, como se não quisesse dizer todos os aspectos do assunto... Sócrates não concede a Fedro que aquele discurso seja um tratamento definitivo da questão. Os antigos certamente não permitem que assente com esse juízo: o que diria Safo? O que diria Anacreonte? Fedro então o desafia a fazer melhor! Mas lhe impõe a tese: "Quem ama é mais doente do que quem não ama." Sócrates, forçado a tanto, pronuncia o discurso, mas o faz cobrindo o rosto para não corar de vergonha...

O discurso de Sócrates não começa direto como o de Lísias, mas passa por uma narrativa indireta. Na introdução, aproveita para desmascarar as intenções de um tal discurso:

> Era uma vez um menino, ou melhor, um adolescente muito belo, que tinha muitos amantes. Um deles, que era malandro, não menos apaixonado (*erôn*) que os outros se fez passar por não apaixonado. Quando, certa vez, o solicitava, persuadiu-o disto mesmo: que devia se entregar ao não apaixonado em vez de ao apaixonado.[159]

Sócrates começa por corrigir a disposição do discurso, mostrando que, como ponto de partida de uma deliberação, deve-se estabelecer uma definição consensual, e só depois examinar as vantagens e desvantagens do que se definiu. É a premissa do silogismo retórico, chamado de entimema, a qual Aristóteles dirá que precisa apenas de consenso, não precisa ser verdadeira como na dedução científica. Todos sabemos que Sócrates é o primeiro a não assentir com a verdade da definição que ele mesmo irá propor. Mas a maioria concordaria, e ela é necessária para cumprir o desafio e as condições impostas por Fedro. Por isso, cobre seu rosto para não revelar com o rubor da face o seu estratagema.

Na construção de sua definição, começa pelo gênero: é evidente que o Amor é um certo desejo (*epithymia*). Mas o que distingue o desejo dos que amam, do desejo dos que não amam? Sócrates começa a esboçar uma fisiologia da alma: há duas formas que nos conduzem e governam: o desejo de prazeres, que é inato; e o desejo do que é melhor, que é uma opinião adquirida. Quando uma opinião sensata encaminha para o que é melhor e nos domina, temos a temperança (*sophrosyne*). Quando um desejo insensato nos arrasta para os prazeres e nos governa, temos a desmedida (*hybris*). A desmedida pode assumir várias formas: a gula, o alcoolismo e... a paixão.

> A opinião insensata, sobrepujando o impulso para o que é correto, comandada pelo desejo do belo e pelos desejos que lhe são congêneres ante a beleza dos corpos, ferozmente forçando, como uma correnteza invencível, retira da sua *feroz* condição o nome de *Eros*.[160]

Platão é mesmo um poeta. A definição de Sócrates, carregando nas aliterações da sua falsa etimologia, chega a fazer Eros rosnar! Sócrates chega a ironizar a inspiração que lhe dá o rio em cuja beira estão conversando: foi possuído pelas ninfas, tomado de ninfolepsia, quase alcançando o tom extasiante dos ditirambos.

O homem doente puxado pela corrente do desejo fica acorrentado ao prazer. Depois da definição, segue o exame das conseqüências. A descrição da escravidão junto aos prazeres continua em seguida reprisando os mesmos tópicos que foram tratados no discurso de Lísias. Porque o doente se compraz em tudo que não o contraria e se torna hostil frente ao igual e superior, então ele só quer rebaixar e inferiorizar o amado. Torna-o ignorante, covarde, afásico, incapaz, lento... priva-o das amizades e da filosofia. Tal amante buscará um amado mole, sem músculos, pálido, preguiçoso, delicado, efeminado, que na guerra inspira coragem aos inimigos e temor aos amigos etc. Tal amante é uma praga, mas, por ser adulador, proporciona um prazer momentâneo, tal como outras coisas muito nocivas, mas que dão um prazer muito intenso por um só dia. Mas este amante, para o amado e para os demais, vai se tornando cada vez mais desagradável, inconveniente e insuportável. A descrição socrática vai ganhando contornos cada vez mais carregados de asco. E quando cessa de amar, tal amante, envergonhado do que fez tomado pela insensatez (*anoetou*), não cumpre suas promessas anteriores e só quer escapar do amado.

Tarde demais o menino descobre que se entregou a um infiel, mal-humorado, ciumento, desagradável, perdulário, corruptor da aparência e da saúde, deseducador da alma.

Quando Sócrates termina o discurso, aparenta ter engolido um vaso cheio de purgante repugnante, sequer agüenta completar o outro lado da moeda: depois da condenação ao apaixonado, o elogio ao não apaixonado... Antes de atravessar o rio e partir, porém, Sócrates declara ter recebido um sinal de seu dêmone proibindo-o de partir antes de expurgar a falta que cometera contra a divindade. Precisamente uma falta contra Eros e Afrodite. Pois se deuses são, ou, de algum modo, divindades, não podem ser maus.

> Mas não foi o que disse Lísias, nem o teu discurso que, me tendo drogado, pronunciaste pela minha boca.[161]

Por tal impiedade, faz-se necessária uma purificação, uma antiga purificação chamada de palinódia, um canto de retratação. Sócrates salgou e amargou a boca com palavras de fel e agora precisa lavá-la com abundante água pura, água cristalina de outra fonte. Afinal, não somente contra Eros e Afrodite afrontaram-se os primeiros discursos, mas contra os amores do homem livre (*eleutheron erota*), descrevendo a relação de amantes e amados como se fossem fúteis intrigas de marinheiros.

Delírio

A palinódia de Sócrates no *Fedro* é o mais belo discurso que Platão nos escreveu. Um hino ao amor, com certeza, mas também à paixão, ao delírio, à poesia e à filosofia. O canto amadurecido de um filósofo no apogeu, que não teme escalar o mais alto e enfrentar os riscos dos maiores abismos. Sócrates confronta a heterodoxia inventiva da idéia de Lísias de que um amante não pode ser um amante, não com a ortodoxia dos costumes eróticos, mas com uma tese ainda mais estranha, mais paradoxal, mais atópica, como diziam os gregos. Lísias condenou o amante por sua demência; Sócrates não vai negá-la. Como negar que a paixão amorosa põe o amante fora de si? Não nega a evidência dos fenômenos. Mas Lísias falhou em condenar a loucura, não sabe ele que a loucura é portadora dos bens mais altos, justamente as dádivas que nos chegam dos próprios deuses?

> Não responde à realidade um discurso que profere que, em face de um amante, alguém deva entregar-se de preferência a quem não ama, porque um delira, enquanto o outro é ajuizado. Pois se a loucura fosse simplesmente ruim, falara bem, no entanto os maiores dos bens são os que

> nos advêm pela loucura, as próprias dádivas dos deuses.[162]

O discurso inicia, portanto, como um elogio a determinadas formas de loucura, justamente aquelas que estão, na cultura grega tradicional, associadas a práticas religiosas, seus sacramentos, ritos e mistérios. A primeira refere-se à mântica, exemplificada pelas profetisas do Oráculo Délfico, pelas sacerdotisas de Dodona, pela Sibila. A comunidade antiga não exclui nem confina aqueles que fogem ao desempenho ordinário do sentido: os loucos e possuídos. A cultura antiga percebe, nestes que não estão restritos ao modelo convencional da comunidade, a ponta e o elo que os pode ligar ao extraordinário, ao além-mundo dos deuses, ao destino desconhecido e inesperado, às fronteiras que separam o sentido humano do terror abissal ante a finitude da existência. A sentença oracular tem origem e respaldo na divindade, por isso é sempre verdadeira. É Apolo que inspira a Pítia em Delfos, cujo transe transforma em palavras enigmáticas os ventos uivantes do antro sagrado. Zeus insufla as folhagens dos carvalhos junto ao templo de Dodona e suas três sacerdotisas, as Colombinas, fora de si, ouvem as palavras no farfalhar. A Sibila, tomada de êxtase, sussurra suas profecias no rochedo escarpado que domina a paisagem de Delfos. Em transe, podem prever e mesmo provocar o acontecimento por vir. A mântica é sempre verdadeira, porque fala desde uma perspectiva não circunstancial, não particular, não sujeita à eventualidade acidental dos acontecimentos. Na perspectiva dos deuses, não há dicotomias como justo ou injusto e verdadeiro ou falso. "Para o deus tudo é belo e bom e justo, os homens, porém, sustentam que há coisas injustas por um lado e justas por outro."[163] A perspectiva dos deuses é desde a unidade que tudo reúne — é o que filosoficamente podemos chamar de "perspectiva de fundamento" ou "perspectiva do absoluto". Esta perspectiva não apenas distancia-se da visão sempre parcial e particular do senso comum, como ainda subverte suas expectativas. O senso comum, sempre que propõe uma questão ou problema prático para que o oráculo resolva e oriente, espera que o oráculo diga a resposta. Mas o oráculo não diz e tampouco oculta. O oráculo não responde às expectativas de solução daqueles que o interrogam. Mas também não se cala nem ilude. O oráculo converte as expectativas parciais numa orientação sob outra perspectiva. O oráculo fala numa linguagem enigmática e ambígua — por isso estranha, atópica, donde extraordinária e divina. Cabe àquele que o consultou a tarefa de compreensão e a responsabilidade de seguir ou não sua orientação. Contudo, toda vez que se tomam as suas palavras ao pé da letra, no sentido mais imediato e sem transformar as próprias expectativas, o oráculo parece deixar esvair seu sentido e aprontar uma armadilha...

Tão presente é a loucura (*maniké*) na adivinhação (*mantiké*), que seus nomes gregos são quase os mesmos! Platão relembra assim, de relance, outra vertente da adivinhação: a etimologia delirante, que Sócrates aparece praticando em outro diálogo platônico, o *Crátilo*. E sabem os gregos que a adivinhação inspirada pelos deuses é mais bela e poderosa do que a humana interpretação histórica ou natural dos fatos, como a dos meteorologistas que lêem nuvens ou pássaros e outros sinais da natureza.[164]

A segunda prática religiosa em que a loucura é imprescindível é a purificação ou catarse. A música orgiástica, ou ritualística, dos delírios bacantes, das festas e das procissões produzia estados de transe e êxtase, denominados de catárticos, purificadores ou purgantes. Aristóteles nos dá um testemunho em seu tratado sobre *A Política*:

> Alguns que são possuídos por essas perturbações — vemo-los por causa dos cantos sagrados — no momento em que se prestam aos cantos, suas almas são lançadas em delírio, apresentando-se como os que se encontram sob tratamento e purgação; isto mesmo então é forçoso que sofram tanto os piedosos quanto os medrosos e os que em geral são sensíveis, e os outros na medida em que o mesmo se lança sobre cada um deles; e a todos ocorre uma purgação e sentem alívio junto com prazer.[165]

A purificação aparece, sobretudo no orfismo, no vocabulário religioso e, posteriormente, no vocabulário medicinal grego. Aristóteles vai usar o conceito ainda na teoria da arte, e em contextos de descrição de fisiologia biológica.[166] A catarse opera também uma transformação das emoções humanas, tais como o terror, a compaixão, a cólera e outras que tais. Mas, sobretudo, no contexto religioso, ela é associada à retratação de algum crime de impiedade, um crime contra os deuses ou suas normas. Como esta palinódia de Sócrates que estamos vendo, ou a iniciação aos mistérios do belo, descritas por Diotima, que vimos mais acima.

A terceira prática de loucura por possessão ou inspiração divina é a que provém das musas. As diversas músicas ou gêneros de poesia também despertam seus cantos e outras obras artísticas a partir de transes báquicos. O poeta que tem técnica, mas lhe falta o favor das musas, não atinge a perfeição.[167] Desaparece o cultista ante o brilho do poeta inspirado, alçado além de si por um delírio divino.

Portanto, quem queira condenar o amante por estar em delírio deverá provar que os deuses não quiseram o bem aos homens quando lhes enviaram a paixão amorosa. E Sócrates, por sua vez, deve agora provar que os deuses enviaram o delírio do amor em vista da boa fortuna dos amantes e dos amados. Mas suas provas, diz ele, não convencerão os demasiado exigentes (*deinoi*), que querem esmiuçar a lógica de cada passo, convencerão porém o homem sábio (*sophô*).[168] Sócrates está em vias de entrar em delírio, e ser possuído por seu dêmone filosófico.

Primeira tese da demonstração: toda alma é imortal. Sócrates nesta parte do discurso expõe, com clareza que não se encontra em nenhuma outra passagem da obra de Platão, as razões filosóficas da imortalidade da alma. A alma é princípio de movimento que se move a si mesma e move os corpos. O movimento é a vida. Alma é o princípio da vida. O princípio, sendo primeiro, não é movido por nada antes de si, não é gerado e não perece. O princípio não tem começo, e se ele acabasse, afundar-se-ia com ele toda a realidade principiada e nunca mais nada se alçaria à luz do real. Sendo a alma princípio da vida, então a alma é imortal. Alcançada a idéia da imortalidade da alma, Sócrates vai buscar sua forma.

A descrição rigorosa da forma da alma é, mesmo para Sócrates, uma tarefa longa e difícil, de modo que fará apenas o que lhe é humanamente possível, dizendo como ela se parece. Sócrates então compõe a imagem da alma como uma atrelagem alada, composta de um cocheiro e dois cavalos:

> Assemelha-se a uma potência cuja natureza reúne uma atrelagem alada e um cocheiro. Nos deuses os cavalos e o cocheiro, todos são bons e de boa estirpe, mas nos outros são mistos. Primeiro, em nós, quem governa a parelha é o cocheiro,

em seguida, dentre os cavalos, um é belo e bom e de tal estirpe, o outro é o contrário e de estirpe contrária.[169]

As almas, como parelhas aladas, perfazem revoluções celestes. As almas dos deuses seguem na frente em movimentos perfeitos porque os cavalos são concordes e obedientes. As outras almas vão atrás, com dificuldade para conduzir a parelha mista, cada uma vai seguindo como pode o deus com que tem afinidade. São 12 deuses e 12 cortejos, como as constelações do zodíaco. No translado, os deuses contemplam e se alimentam da verdade das essências sem cor, sem forma, sem toque, que estão para além do céu; as almas humanas, em tropel tumultuado, as contemplam de modo parcial e atrapalhado, algumas não são sequer iniciadas, e no alvoroço perdem plumas de suas asas. As asas são as partes mais divinas da alma, pelo poder que têm de alçar. Quando perdem plumas demais, perdendo leveza e beleza, as almas grávidas precipitam-se sobre a terra e caem num corpo. O corpo animado move-se e vive. Sócrates possuído delira em profusão de detalhes.

Advinda a queda, Sócrates profere o decreto de Adrastéia, epíteto da deusa Nêmesis, que governa o ciclo do destino. O decreto é imenso, cheio de detalhes e condições para que uma alma caída possa retornar, ao cabo de dez mil anos. Dez ciclos de mil anos compostos de um período de vida ativa seguido de um período complementar muito maior de prêmios celestiais ou castigos subterrâneos. Exceção feita à alma que por três vezes seguidas encarnar na vida contemplativa ou amante dos belos jovens, este filósofo volta à procissão celeste em apenas três mil anos. Além da vida filosófica ou amante da beleza ou inspirada pelas musas ou por Eros, seguem a vida do rei legalista de pendor guerreiro e governante; depois o político administrador e economista; em quarto o ginasta e o médico que cuidam dos corpos; depois o adivinho e religioso; em sexto o artífice ou imitador, depois o artesão ou camponês; em oitavo o sofista ou demagogo; em nono o tirano.

Para recobrar as alturas da contemplação supraceleste, a alma tem de rememorar as essências entrevistas outrora, assim vai iniciando-se nos mistérios e reaproximando-se da natureza divina. À medida que vai recobrando as plumas das asas, vai alçando-se o pensamento do filósofo. Mas também vai destacando-se do pesado senso comum, para quem ele parece alguém que surtou, quando de fato está é possuído por um espírito divino. Eis a quarta forma de loucura divina, o amor do belo e dos belos que por conta de ser um impulso alado (*pteros*) ganha o nome de Amor (*Eros*). Sócrates começa então a entrar no domínio das iniciações órficas para falar do que extasia os amantes em sua busca ascendente pela beleza. Refere-se aos mistas que se calam e aos epoptas que contemplam, nos ritos das celebrações dos mistérios nas Pequenas e Grandes Eleusinas. Sócrates continua o delírio e Fedro, calado, contempla.

Face ao êxtase da contemplação do belo impulsionada pelo amor, Sócrates deplora aquele que não ganhou uma iniciação desde a juventude, ou que se deixou corromper:

> De modo que não lhe dirige o olhar com veneração, mas entregando-se ao prazer com modos de quadrúpede manipula-se a ejacular e esporrar[170] e, relacionando-se com desmedida, não tem medo nem pudor de perseguir um prazer contra a natureza.[171]

Mas aquele que foi iniciado desde a juventude tem, diante da beleza, outra atitude muito mais perturbadora do corpo e da alma. Ele sua e treme, tem calafrios, calores, febres, comichões. Vivificam-se as plumas de sua alma. Toda uma fisiologia se desfia, desde os eflúvios que transportam a bela imagem aos olhos como ondas do desejo até a desobstrução dos poros de onde brotam as plumas, como dentes de criança que despontam nas gengivas. Invade-lhe uma mistura de dor e prazer. Sócrates parece possuído agora pelo espírito poético e naturalista de Empédocles e faz fluir (*epirruein*) o som dos eflúvios (*aporroai*) no desejo (*hímeros*) do amor (*Eros*). Amor, esse deus alado (*pteros*) que enleva. Sócrates então bate às portas do Olimpo.

Cada um de nós que se apaixona é possuído por um deus — Ares ou Zeus, Hera ou Apolo — que define em nós quem nos atrai e quais virtudes nos veneram. Alcançado o ápice, é hora de voltar e retomar o mote inicial: a quem e como o jovem belo deve se entregar. Retorna também a imagem da parelha de cavalos que será agora detalhada. Como é o bom cavalo? Garboso, elegante, altivo etc., amante (*erastés*) da honra, da temperança e do pudor, companheiro da opinião verdadeira, dócil à palavra. Como é o cavalo mau? Depois de descrever detalhadamente uma aparência avessa, segue dizendo: companheiro da desmedida e da presunção, surdo, só obedece ao chicote. E quanta dificuldade tem o cocheiro para equilibrar os dois cavalos quando aparece o amado! Quanta força e domínio sobre seus ímpetos um homem deve ter para ser um amante digno e bem-comportado. A descrição socrática nos leva diante da cena viril de um domador amansando um corcel selvagem. O cenário vai pouco a pouco retomando os ginásios onde se exercitam os belos rapazes. E a força desejante e bem domada do amante vai também pouco a pouco contagiando o amado, até despertar a reciprocidade amorosa (*anteros*) ali, onde o amado pensava não haver amor mas amizade (*philia*). Para concluir, Sócrates descreve duas relações amorosas: a primeira, toda temperante e casta, leva os amantes alados à vitória celestial do percurso mais rápido; a segunda, não tão casta assim, leva também os amantes a alcançar as asas, mas se esfalfam no percurso um pouco mais...

Sócrates arremata o discurso com uma prece a Eros:

"Perdoa-me o primeiro discurso e recebe este com graça,
favorável e propícia, esta Arte Erótica que me deste não a afastes de mim,
não a arranque por cólera,
dai-me, ainda mais que agora,
de ser prestigiado da parte dos belos."[172]

V — Catártica

> "E por fim eles se tornam adivinhos, autores de hinos, médicos e príncipes entre os homens sobre a terra, então reflorescem como deuses, valorosos, melhores."[173]
> Empédocles

Purificações

O prazer, seja entre os que o defendiam ou entre os que o temiam, sempre contou com a questão da pureza entre os seus temas de reflexão e com a catarse entre suas práticas mais intensas. Depurações, purificações, purgações, expurgações estão nos discursos filosóficos, desde as mais remotas manifestações órficas, relacionando de modo íntimo as experiências do saber, da salvação, da saúde e do prazer. Não apenas no domínio da arte erótica é questão de prazer puro ou impuro. Também a arte poética produz um prazer depurativo característico na catarse do espectador. As religiões iniciáticas já buscavam o êxtase pela purificação. E contrariamente, também o discurso contra o prazer encontra sentido nas purificações dos desejos, nas expurgações das paixões. Textualmente, porém, a consideração acerca do puro (*katharós*), relacionada aos prazeres, vem a ganhar espaço decisivo na obra de Platão.

Vimos, no discurso de Diotima, no Banquete, como a experiência iniciática de ascese vai depurando o belo de tudo quanto não é ele mesmo até chegar à contemplação extasiante do próprio belo ele mesmo em si mesmo. Vimos novamente no discurso de Sócrates, no diálogo *Fedro*, como a erótica iniciática, em seu transcurso, mistura dor e prazer na expurgação dos ímpetos desmedidos. Até então, a experiência da purificação está vivamente relacionada às tradições dos mistérios eleusinos e das práticas sacramentais dos órfico-pitagóricos, cujas expressões não se restringem à aprendizagem erótica, mas se desenvolvem também em outras formas de aproximação ao sagrado. Temos também a iniciação poético-musical, cujos representantes míticos são Orfeu e seu filho Museu, temos as suas práticas medicinais homeopáticas, temos até idéias políticas como os tratados cosmopolitas purificadores (*Katharmoi*) de Empédocles, todas associadas ao sentido sagrado da purificação. Mas Platão, se bem que em muito parta das idéias do pitagorismo, ainda vai além na consideração do puro. Para o filósofo, o puro e o impuro ou misto são categorias essenciais para avaliar e hierarquizar os bens em geral e o prazer em particular. Isto é o que está em questão e conduz o Diálogo *Filebo*, cognominado *Do Prazer*.

Filebo

O diálogo é uma conversa entre Sócrates, o sofista Filebo, um mestre defensor da idéia de que a felicidade é o prazer, e seu discípulo Protarco. Eberz[174] propõe a interessante interpretação de que as três personagens seriam máscaras de pessoas coetâneas à redação do diálogo, em uma situação real vivida por Platão. Sócrates seria o próprio Platão, Filebo seria o filósofo Filistos, da escola cirenaica, discípulo de Aristipo e encarregado de educar Dioniso de Siracusa, o qual estaria atrás da máscara de Protarco. Como, no diálogo, Sócrates aparece persuadindo vitoriosamente o dócil Protarco, a tese de Eberz situa a redação do texto nos primeiros meses da chegada de Platão à corte de Siracusa, antes que a empreitada de educar o príncipe para a filosofia resultasse no retumbante fracasso, narrado na famosa *Carta Séti-*

ma. Se verdadeira ou não no detalhe, não sabemos, mas a tese tem a virtude de apresentar a redação dos diálogos no contexto vívido das polêmicas travadas por Platão, com interlocutores filosóficos e políticos, fora de Atenas, em Atenas e até mesmo no interior da Academia.[175]

Filebo é um diálogo cuja redação é supostamente próxima à de *Parmênides*, *O Sofista*, *Teeteto* e *Político*. A hipótese decorre de uma semelhança estilística e metodológica. São os chamados diálogos metafísicos que desenvolvem e se desenvolvem conforme a teoria dos gêneros, a dialética, o método filosófico próprio de Platão, que arrisca um passo a mais, além das conversações desconstrutivas e desconcertantes do mestre Sócrates. Isto resulta em duas conseqüências muito importantes para a teoria do prazer que se expõe naquele diálogo: a primeira é a sua consideração e avaliação não pelos efeitos, os tópicos tradicionais das vantagens e prejuízos, mas por categorias ontológicas, tais como o limitado e o ilimitado, o puro e o misto, e assim por diante; a segunda é que a distinção dos gêneros permite não apenas uma escala hierárquica de valores, mas também uma tipologia interessantíssima sobre diversas formas de prazer — essa tipologia é calcada inicialmente numa consideração sobre a pureza e a mistura.

A distinção entre puros e mistos aparece em diversos contextos no diálogo, nos quais os valores de cada qualidade variam. O diálogo começa já no meio de uma conversa, no ponto em que se está discutindo qual a melhor das vidas, se é a vida em prazer e deleite, como querem Filebo e Protarco, ou se é a vida levada a pensar.[176] Numa jogada de mestre, Sócrates sacrifica a torre, preparando o futuro xeque-mate; ele abre mão de que a vida levada a pensar, mas sem prazer, seja a melhor e propõe uma solução conciliadora: a melhor vida é a vida mista, esta que mistura prazer e pensar. A vida mista assim ganha das vidas de puro prazer ou de puro pensamento. Neste quesito, o misto valeu mais do que o puro.

> Desprovido de memória, nem terias como te recordar de que alguma vez tiveras prazer, como também passaria sem deixar memória alguma o prazer do momento presente. [...] Algum de nós viveria provido de pensamento e inteligência e ciência e memória de todas as coisas, sem participar de um prazer, seja grande ou pequeno, tampouco da dor, mas ficando completamente impassível a tudo isto?[177]

Mas Sócrates não deixa de plantar a pergunta que vai lhe recobrar a vantagem: qual dos dois, prazer ou inteligência, será a causa desse bem maior que é a vida misturada de prazer e pensamento? Segue aplainando o terreno com considerações ontológicas que já vinha preparando anteriormente sobre as relações entre os gêneros, e que remontam à cosmovisão pitagórica, tal como a de Filolau de Crotona, que considerava haver dois princípios: o limitado (*péras*) e o ilimitado (*ápeiron*). Sócrates acrescenta um terceiro gênero: o resultado da mistura de ambos; e um quarto: a causa da mistura. Protarco, no embalo, traz um quinto: o que possibilita a diferenciação! Importa primeiro explorar a terceira espécie, a que mistura o limite e o ilimitado. O resultado desta mistura de opostos é a proporção (*symmetria*), a harmonia (*symphonia*), o número (*arithmós*).

> Desses geraram-se as estações e tudo quanto nos é belo, da miscigenação dos ilimitados com os limites [...] nisto incluo tudo o que foi gerado destes, que a partir das medidas delimitadas junto ao limite dão origem a uma essência.[178]

Sócrates pára subitamente o interrogatório que fazia a Protarco e pergunta a Filebo se este inclui a dor e o prazer no gênero das coisas ilimitadas, porque são suscetíveis de mais e de menos. Filebo considera o prazer entre as coisas que sempre podem ter mais e são portanto infinitas. Sócrates responde ironicamente que desse modo também a dor o seria e faz um trocadilho com a palavra *ápeiron*, pois esta pode significar tanto ilimitado quanto indeterminado, assim concede a Filebo, se ele faz questão, que o prazer é do gênero de coisas indeterminadas... (*aperanton*). Nesse passo, o jovem Protarco (e talvez não apenas ele) ficou perdido, perplexo, em aporia. Sócrates aproveita a entrada na classificação ontológica, e atribui à inteligência (*nous*) e ao pensamento (*phrónesis*) o lugar do quarto gênero: o de causa da mistura. Parece agora estar rememorando todas as lições cosmológicas que estudou com Anaxágoras: a mistura original, a causalidade pela inteligência universal. Depois de uma digressão cósmica sobre a ordem inteligente do mundo, voltamos ao exame do prazer... e da dor.

A primeira consideração sobre o prazer indissocia-o da dor, de modo que ele parece provir do gênero misto. Não é a primeira vez que Platão discorre sobre a proximidade da dor e do prazer; no diálogo *Fédon*, quando os guardas retiram as correntes das pernas de Sócrates, este as esfrega com gosto e comenta o prazer do alívio:

> Que estranho (*átopon*) parece ser, rapazes, isto que os homens chamam de prazeroso! Que admirável relação com o seu contrário, o doloroso. Ambos não querem encostar-se ao mesmo tempo no homem, mas se alguém persegue um deles e o alcança, quase sempre é forçado a alcançar o outro, como uma única cabeça mantida em dois seres.[179]

A referência mitológica a dois seres atados lembra a imagem homérica das sereias, duas meio moças meio peixes que seduzem com o canto mais delicioso (na *Odisséia*, cantam para Ulisses as glórias da guerra de Tróia, cantam-lhe a *Ilíada*) e atraem os marinheiros para os rochedos, o naufrágio e a morte. As sereias são a imagem da traiçoeira ambigüidade que ronda a poesia, a saudade, a sedução, a ilusão e o prazer. Contrária à perigosa ambigüidade é a venturosa harmonia, pois é na dissolução desta ou no seu restabelecimento que nascem a dor e o prazer:

> Digo que dissolvida a harmonia em nós, seres vivos, vem junto a dissolução da natureza e ao mesmo tempo o nascimento das dores. [...] Recobrada a harmonia, em retorno à própria natureza, devemos dizer que é gerado um prazer.[180]

Ao dar os exemplos da fome e do comer e, em seguida, da sede e do beber, como dores, corrupções e dissoluções da natureza contra os respectivos prazeres, processos de reconstituição e restauração da mesma, Sócrates apresenta um conceito novo e importante na compreensão desses fenômenos no corpo: a repleção (*plérosis*), o preenchimento de uma falta, a reconstituição de um todo. É a lei das necessidades fisiológicas, bastante semelhante à estrutura do desejo, tal como a apresentou Aristófanes no Banquete. Esta é a primeira espécie de prazer e dor.

A segunda espécie de dores e prazeres diz respeito às antecipações mentais dos estados de prazer e dor. São oriundos da expectativa da alma em relação aos prazeres e dores da primeira espécie. Nesta classe incluem-se as diversas formas de esperança entre os prazeres, e as angústias e temores entre as dores. Estes parecem à primeira vista que surgem puros (*eilikrinesin*) e sem mistura (*ameiktois*). Eles não surgem de uma afecção do corpo, mas da memória. A memória é a conservação de uma sensação, a qual sim resulta de uma afecção conjunta do corpo e da alma que conjuntamente os move. Ainda diferente da memória é a rememoração (*anamnesis*), que resulta de uma reconstituição da própria alma em si mesma, sem concurso do corpo. Esta é a origem do desejo e do prazer da expectativa. É a memória que nos conduz ao que nos apetece, de modo que é a alma que comanda os impulsos e apetites.

Neste momento, vemos que também ao esvaziamento e à repleção do corpo misturam-se as expectativas de dor e de prazer da alma, pela angústia e pela esperança do preenchimento. A análise começa realmente a se complexificar. Sócrates acrescenta então um ponto em tudo controverso: a consideração sobre a veracidade ou falsidade desses prazeres e dessas dores. Protarco resiste a admitir simplesmente a falsidade dos prazeres. De fato, como é possível que um prazer ou uma dor sejam falsos?[181] Realmente, é preciso explicar isso muito bem.

Falsos prazeres

Sócrates explica que, quando fala da falsidade do prazer, não está falando de sua irrealidade no sentido de não existência. A comparação que ele faz com o juízo de correção ou não correção nas opiniões serve para este esclarecimento:

> Aquele que opina, que opine corretamente ou não corretamente, de fato não deixa essencialmente de ser um opinar. [...] também aquele que tem prazer, que goze corretamente ou não corretamente, é evidente que nunca deixará de ser essencialmente um gozar.[182]

Sócrates introduz uma pequena novidade, totalmente natural para o platonismo, mas que faz toda a diferença para a polêmica subseqüente. Em vez de falar de opiniões ou prazeres falsos, chama-os de não corretos. Sub-repticiamente, Platão insere na fala de sua personagem a sua idéia original de verdade como correção.[183] O que implica uma identificação da verdade com o bem moral e da falsidade como seu contrário, ou em outras palavras: a identificação do conhecimento com o bem. Esta é justamente a tese que Filebo e Protarco recusam de início, e que Sócrates quer encontrar no interior mesmo da vida mista, aquela que reúne inteligência e prazer. Esta é uma tese essencial para o platonismo, que subordina a ação moral e política ao exercício do conhecimento; por conta desta tese teremos o projeto do rei filósofo na *República* e a idéia de que o mal se identifica com a ignorância. Esta idéia de uma ética e de uma política verdadeira será de início combatida pelo pensamento cosmopolita de sofistas como Antifonte, que percebem que a diversidade dos costumes também é determinante da moral e que a identificação do bem com a verdade encaminha um projeto político de caráter unidimensional, ou, em termos atuais, fundamentalista, que não contempla as diferenças trazidas pela cultura sobre o estrato natural do homem. Aristóteles será outro pensador que fará questão de distinguir o plano do conhecimento e da verdade do plano das ações políticas e morais. Para ele, os objetos de ciência têm de ser necessariamente como são, e podemos conhecer sua verdade; os assuntos morais e políticos, no entanto, podem ser de um modo ou de outro, e requerem não o conhecimento da verdade, mas a deliberação sobre o que é melhor em vista dos fins que se desejam e dos valores que se projetam — algo que efetivamente varia de cultura para cultura, de um povo para outro, e, principalmente, de uma para outra circunstância ou condição da decisão.

Vejamos, todavia, o que significa efetivamente essa distinção entre prazeres corretos e incorretos, análoga à distinção das opiniões. Já vimos que, do ponto de vista socrático, a memória e a rememoração contribuem para os prazeres e os desejos até mais do que as sensações, porque podem fazê-los surgir na alma, sem o concurso do corpo. Os prazeres dependem de algum modo, portanto, da representação que fazemos por intermédio da memória, talvez mais poderosa do que a própria apresentação direta das afecções sensíveis. Sócrates vai além da analogia com a opinião, pois afirma que freqüentemente o prazer incorreto surge acompanhado de uma opinião incorreta, de modo que junto ao prazer temos, além de memória, opinião (*doxa*).[184] Opinião que nasce justamente por uma intermediação do sensível através da imaginação (que Sócrates chama poeticamente de pintor da memória). A mesma imaginação que produz a opinião a partir de uma atenção ao sensível pode antecipar uma opinião e uma representação futura, de modo a produzir aqueles prazeres ou sofrimentos antecipados que são as esperanças e as angústias.

Da fisiologia da alma, Sócrates dá um salto escarpado para a moral: o homem pio e justo e totalmente bom é amado dos deuses, de modo que suas esperanças de vantagens futuras são verdadeiras, ao passo que o injusto e totalmente mau, quando tem boas esperanças, essas só podem ser falsas. Deste modo os prazeres de antecipação do homem bom são verdadeiros, mas os prazeres tais do mau são falsos. Claro, os maus, no desejo e na intenção de fama, poder e riqueza, vão conquistar para si um lote nos infernos! Mas o inferno, bem o sabem os sábios gregos, não precisa esperar a morte e muito menos o Juízo Final.

A tipologia das opiniões cai bem na tipologia dos prazeres: assim como há opiniões fúteis e insensatas, o mesmo se dá para os prazeres e as dores. Como é insensata a angústia e o temor à morte, dirá o homem quando for condenado a ela. Tese que será retomada posteriormente por Epicuro. E como é insensata a ambição desmedida pela riqueza, a mais falsa antecipação de prazer!

Prazeres mistos e prazeres puros

Os prazeres e as dores também mudam de intensidade quando relativizados entre si: dor contrastada ao prazer aumenta, assim como também o prazer contrastado à dor. Mas junto à outra dor, a dor diminui, e um prazer junto a outro prazer também perde sua intensidade. Os prazeres e as dores nos doentes parecem também que ficam mais intensos, e os insensatos e destemperados também os obtêm mais intensamente e mais sofrem sua falta do que os temperantes que seguem o preceito proverbial "nada em excesso". Em todos estes casos alteram-se reciprocamente os estados de prazer e dor e misturam-se no corpo como a sarna, exemplo mor de mistura de prazer e dor explorado com gosto minucioso pelos detalhes do fenômeno.

Mistos de dor e prazer também são todas as antecipações passionais por que sofrem a falta do prazer que antecipam ou gozam pela superação da dor. Cólera que anseia a doce vingança, temor que se regozija com a futura glória, desejo que anseia por satisfação, tristeza que frui a melancolia e o passar do tempo, amor que sofre pelo que mais quer, ciúme que teme a perda do que já é seu, inveja que se irrita com a proximidade do que falta e goza da desgraça alheia, saudade que se deleita na lembrança da ausência. Quanta mistura de sentimentos! Até chegar ao deleite mais ambíguo provocado pelo espetáculo extasiante dos horrores trágicos, ou pela encenação cômica das pequenas fraquezas e dos vícios ridículos.

Mas há também os prazeres sem mistura, nos quais não veio turvar nenhuma dor e nenhuma falta:

> Aqueles relativos às cores que dizemos serem belas, os relativos às figuras, boa parte dos provenientes dos odores, os que vêm dos sons, enfim todos aqueles cuja falta não sentimos nem tampouco sofremos e que conferem sentidas e agradáveis repleções, depuradas de sofrimentos.[185]

Estes são os elementos estéticos formais, anteriores às imagens ou representações da imaginação e, portanto, da possibilidade de falsidade que ela comporta. É a paleta do pintor: cores puras, linhas e superfícies, depois as belas melodias, e até mesmo alguns perfumes. A estes prazeres sensíveis puros, acrescentem-se os prazeres do conhecimento (*mathémata hedonas*), também isentos de dor, e fechamos o quadro dos prazeres puros.

> Assim, já tendo na medida discernido separadamente os prazeres puros e em traços gerais os que corretamente seriam chamados de impuros, acrescentemos ao nosso discurso a desmedida dos prazeres violentos, e dos não violentos, ao contrário, o comedimento; tanto os grandes quanto os violentos, sejam suas ocorrências freqüentes ou raras, são daquele gênero ilimitado, que comporta o que é levado para mais e para menos pelo corpo e pela alma; enquanto os que não, pertencem ao gênero dos comedidos.[186]

Para concluir a classificação, uma última observação: por mais intensos que sejam os prazeres impuros, visto que sempre comportam dor misturada, sempre serão melhores do que eles os prazeres puros e sem dor, mesmo os que sejam raros e tênues.

Ontologia do prazer

Sócrates passa em seguida para um outro tópico clássico da discussão acerca dos bens e dos prazeres: a problematização ontológica do ser e do devir, que lhe servirá para compor um quadro hierárquico dos bens. É tradicional, remontando aos cirenaicos, a idéia de que o prazer é um vir-a-ser, um movimento, um processo, uma geração (*gênesis*). Enquanto um fenômeno de ordem sensível e corpórea, Platão corrobora essa tese, mas a enquadra dentro de sua visada metafísica que subordina todo devir e as coisas sensíveis ao superestrato ontológico dos seres imutáveis. Toda geração, diz Sócrates, se faz em vista de uma essência (*ousia*), assim como os fármacos em vista da saúde; os instrumentos em vista da atividade; o material em vista da forma. Ora, se o prazer se dá num processo de repleção, ele não pode ser o bem último, o pleno consumado, aquilo em vista de que o processo se faz. Essa questão suscitará uma polêmica na Academia, que vai confrontar os maiores discípulos de Platão: Eudoxo, Espeusipo e Aristóteles.[187] De fato, os historiadores não sabem ao certo se o diálogo *Filebo* é uma resposta de Platão ainda em vida para essa discussão no interior de sua escola, ou se essa discussão ganhou força pela disputa interpretativa sobre a teoria ali apresentada, é possível que ambas as hipóteses sejam igualmente verdadeiras.

Esta hierarquia ontológica se desdobra nos demais predicados próprios das essências, distintas, separadas e depuradas em máximo grau:

> O que é firme (*bébaion*) e o puro (*katharón*) e verdadeiro (*alethés*) e o que realmente chamamos de distinto (*eilikrinés*) estaria naquilo que se mantém sempre o mesmo como mesmo e maximamente sem mistura, ou naquilo que lhe é mais aparentado; enquanto as outras coisas devemos dizer que são secundárias e posteriores.[188]

Dito isto, Sócrates retoma a pergunta sobre a melhor vida, que já se configurara anteriormente como uma boa mistura (não qualquer uma!) de prudência (*phrónesis*) e prazer. Nesta partilha do bem (*agathou moiras*), a prudência, sem dúvida, deverá ter uma participação maior. E começa o ofício sacramental da mistura, invocando-se Dioniso, com quem se celebram as misturas alcoólicas, ou Hefesto, que detém a arte das ligas metálicas. Nesta alquimia busca-se o jorro de mel da fonte dos prazeres e a água cristalina, sóbria, austera da fonte da prudência. Primeiro entra a parte mais pura do pensamento, Sócrates quer guardar a porteira, mas Protarco empolga-se e vai entornando logo todos os saberes na bacia: ciências divinas, artes humanas, e até as músicas miméticas. Na derrama dos prazeres, Sócrates não deixa o rapaz entornar, vai cuidadosamente vertendo primeiro os prazeres necessários, depois os verdadeiros, mas ficam rigorosamente de fora os prazeres desmedidos e violentos:

> Os prazeres verdadeiros e puros de que falaste, considera-os como de casa, e junto destes os que acompanham a saúde e a temperança, e assim também todos aqueles que, como o cortejo de um deus, acompanham todas as virtudes que quiseres; mistura-os! Mas os que sempre seguem a imprudência (*aphrosynes*) e os outros vícios, que grande insensatez (*alogía*) misturá-los ao espíri-

> to (*nôi*) se, tendo visto a mistura e combinação mais bela e minimamente turva, nela tentamos aprender e devemos interpretar a forma do que é naturalmente bom para o homem e para tudo o mais.[189]

Agora estamos enfim preparados para a ordenação hierárquica dos bens. Os primeiros e mais importantes elementos na composição, indispensáveis para a mistura, são a medida (*metriotés*) e a proporção (*symmetria*). Na medida e na proporção encontram-se o belo e a virtude. Acrescente-se a ela a verdade. A beleza, a proporção e a verdade são a causa da mistura e reunidas aproximam-nos da própria idéia do bem. O segundo bem está nos arredores do que é proporcional e belo, do que é perfeito e suficiente e tudo o que é desse mesmo gênero. Em terceiro lugar vêm a inteligência e a prudência. Em quarto, as coisas próprias da alma: as ciências, as artes, as opiniões corretas. Em quinto, os prazeres sem dor, os prazeres puros da alma que acompanham os conhecimentos (*epistémais*) e as sensações (*aisthésesin*). Em sexto lugar, vem o que diz Orfeu: "Na sexta geração cessai a ordem cósmica do canto."[190]

Para o sexto lugar, Platão nos legou mais um sinal enigmático dos tantos que, não fossem belos e provocadores, turvariam a inteligência cristalina de sua obra...

VI — Dialética

> "A seção das coisas inteligíveis é aquela em que a própria razão que as apreende com a força da dialética, [...] sem servir-se de nada que seja sensível, mas apenas das próprias idéias, por meio delas e por causa delas, acaba por chegar às idéias."[191]
> Platão

Atenas, no quarto século antes de Cristo, é uma cidade fervilhante de filósofos e congêneres, que acorrem para a sua ágora cosmopolita e seus bosques loquazes,[192] oriundos de todas as cidades e colônias gregas. Despontam então duas fortes escolas, a de

Isócrates e a Academia de Platão. Infelizmente, a história não foi generosa com os textos da primeira, de modo que as notícias das grandes disputas filosóficas entre as duas escolas ficaram com apenas um lado do testemunho. Mas, se pouco nos sobrou das disputas entre as escolas, temos vasta notícia do ambiente de livre discussão que alimentava a Academia. Ali se debruçavam os homens sobre todos os temas de reflexão e dialogavam expondo e contrapondo suas diversas visões e posições. Platão escreve seus diálogos construindo com a memória e a imaginação as conversas de Sócrates e seus coetâneos, mas sempre tem em vista a experiência dialética que está diante dos próprios olhos. A discussão acerca dos prazeres não poderia ter passado ao largo da Academia, ao contrário, ela ocupa um lugar determinante, inclusive na disputa interna pela condução da própria escola. Os principais interlocutores dessa disputa foram justamente os que, na ausência de Platão, ocuparam-se em dirigi-la: a favor do prazer, o pitagórico Eudoxo de Cnido, que cuidou da Academia quando Platão fez sua segunda viagem a Siracusa (367-365 a.C.), e na ocasião acolheu o jovem Aristóteles; contra o prazer, o discípulo e sobrinho de Platão, Espeusipo, desafeto pessoal de Aristóteles, e que vai suceder ao tio na direção da escola. Ambos não nos deixaram muita coisa, mas a disputa pelo valor do prazer foi relatada em seus principais argumentos por este outro filósofo da escola: Aristóteles, na *Ética a Nicômaco*. Além disso, temos o apoio textual das teses do diálogo *Filebo*, como já vimos, que está infiltrado em toda essa discussão acadêmica, seja como provocador, ou como conciliador, ou superador, ou como um pouco disso tudo ao mesmo tempo.

Vamos a seguir examinar as teses hedonistas de Eudoxo e as anti-hedonistas de Espeusipo, a partir da exposição dialética de Aristóteles, que, para introduzir sua teoria do prazer, apresenta o *status quaestionis* que se desenvolveu na Academia. Obviamente, a perspectiva de Aristóteles permeia toda a apresentação dos argumentos dos dois primeiros, e são dele os contra-argumentos que os refutam. Acrescentamos também neste sexto capítulo a refutação das teses platônicas, que foram apresentadas na exposição do diálogo *Filebo*, no capítulo anterior. Essa perspectiva não está apenas abrindo caminho para uma teoria própria, mas também dando seu parecer pessoal sobre o valor daqueles homens que sustentaram os argumentos, isso fica evidente no que aqui denominamos de "quinto argumento", o qual é na verdade a avaliação da vida, das ações e das intenções daqueles homens. Sem dúvida, o interesse da avaliação de Aristóteles está permeado por humores e predisposições com seus interlocutores — essa é talvez a parte mais interessante, reveladora e verdadeira para a nossa avaliação atual. Com certeza, para o tema do prazer, e para toda questão ética (ou de filosofia prática, como dirá Kant), o argumento precisa ser confrontado com a ação, e um exemplo real é mais persuasivo do que um belo ou coerente discurso. Nietzsche, como excelente psicólogo da metafísica e da moral, nos ensinou a perguntar não o que significa tal verdade, mas antes o que vale tal verdade. A verdade do discurso subordina-se ao interesse, à verdade efetiva da vida.

Eudoxo

Atrator universal

Eudoxo é um astrônomo, matemático, médico, geógrafo e legislador. A sua abordagem do prazer enquanto bem e fim último universal se faz a partir de uma visada naturalista. Aristóteles cita por extenso o primeiro argumento de Eudoxo, que considerava o prazer ser o bem porque via que:

> Tudo tende (*ephiemena*) a ele, tanto o que é racional (*elloga*) quanto o que é irracional (*aloga*), em tudo o preferido é o conveniente, e com mais força o que é melhor, assim, aquilo que tem força para levar todas as coisas para si, isto é o que é para todos o melhor (pois cada um encontra o que é bom para si, do mesmo modo que encontra seu alimento), mas o que é bom para todos e aquilo para que tudo tende (*ephíetai*), isto é o bem.[193]

O vocabulário de um investigador da natureza (*physis*) aparece primeiro no verbo que esclarece a idéia essencial de bem, para Eudoxo, enfatizado pela repetição: "tender" (*ephíemi*). O bem é, para ele, o atrator universal que move as tendências e inclinações naturais. Não é uma avaliação moral, restrita ao homem, mas inclui todos os viventes, tenham eles pensamento, discurso e consciência, ou não. Uma espécie de teoria da gravidade universal da vida. A natureza puxa para o prazer. Trata-se de uma visão teleológica da natureza, que será essencialmente compartilhada por Platão e por Aristóteles, ainda que estes não entendam que a natureza seja exatamente movida por este fim que é o prazer. Esta visão teleológica será recorrente no pensamento de investigação da natureza, mesmo que a natureza do fim mude ao longo da história; a teoria darwinista da seleção natural, por exemplo, é marcada pelo *telos* da adaptação ao meio, ainda que essa adaptação seja uma dinâmica sem forma prévia que se desenvolve na evolução das espécies e não dos indivíduos. A marca da observação fenomênica da natureza aparece também no exemplo de Eudoxo: os seres vivos buscam o prazer como buscam o que os alimenta, aquilo que favorece o seu desenvolvimento natural; do mesmo modo podemos entender no prazer sexual a força que alimenta a espécie, e assim por diante. Difícil é entender quando o prazer proporciona não o desenvolvimento mas a corrupção da natureza. Mas talvez Eudoxo não considerasse esses como prazeres naturais, e quem sabe os classificasse até mesmo fora do campo dos prazeres. Talvez a sua observação da natureza fosse acurada, mas a sua observação dos homens nem tanto.

O mais interessante, na exposição do argumento da parte de Aristóteles, é que este não procura refutá-lo, mas antes prefere derruir as refutações de Espeusipo. Espeusipo diz que não é necessariamente um bem isto a que tudo tende. A refutação de Aristóteles vem carregada de ironia:

> Se fossem apenas os insensatos que tendessem para eles, esse argumento faria sentido, mas como também os inteligentes, quem pode levá-lo a sério?[194]

Complementando a primeira tese, o argumento seguinte diz respeito à experiência de repulsão à dor. Assim, o comportamento também oposto do que é oposto reforça a tese inicial, porque tudo também foge da dor. A dor é o mal a evitar, e o prazer o bem a buscar. Novamente a evidência provém da experiência com a observação da natureza. Novamente, Aristóteles prefere desfazer a refutação dos adversários de Eudoxo. Dizem eles que do fato de que a dor é um mal, o prazer não é necessariamente um bem e que um mal também pode se opor a um mal e ao que não é nem bom nem mau. Ora, se prazer e dor fossem males, fugiríamos de ambos, e se não fosse o último nem bom nem mau, não teríamos nem por que fugir nem tampouco buscar. Evidentemente não é o caso.

Autarquia e sinergia

O terceiro argumento reforça a idéia de auto-suficiência daquilo que é um fim. O prazer não é escolhido em vista de algo mais, não é um meio a serviço de outra coisa, mas é um fim buscado e desejado em si mesmo e por si mesmo. A evidência está em que nunca se pergunta a alguém em vista de que ele deseja e procura o prazer. Este argumento não é refutado por ninguém, de modo que passaria incólume, não fosse uma interessante observação de Aristóteles muito adiante, quando vem a falar da necessária autarquia da felicidade:

> Assim também são as brincadeiras agradáveis; pois não são escolhidas em vista de outra coisa; porque a partir delas as pessoas mais se prejudicam do que colhem vantagens, descuidando dos corpos e das posses. Porém, a maioria dos que se consideram felizes refugiam-se nestas diversões, por isso são bem reputados entre os tiranos os bem afiados nestes jogos.[195]

Sim, o prazer é desejado por si mesmo e não é um meio para outros fins, mas em certos casos ele pode até ter conseqüências danosas e mesmo contrárias a si mesmo, sobrevindo a dor. Com certeza, não é em vista das conseqüências prejudiciais que se busca uma coisa qualquer, mas se pode dizer então que é um bem aquilo que porventura prejudica? E os que buscam o prazer como fim último em qualquer diversão, nesta citação, certamente não são para a filosofia os mais ajuizados: a maioria, o vulgo, os tiranos e seus aduladores...

O quarto argumento fala da relação preponderante do prazer com respeito aos outros bens, não no sentido de anulá-los, mas de reforçá-los. A todo bem que se acrescenta o prazer, este torna aquele ainda mais desejado. O prazer é um bem sobre os bens, que os intensifica todos, os torna melhores, mais desejados. É um lubrificante universal dos bens. Este é o único argumento que Aristóteles se preocupa em refutar, não exatamente em sua premissa, mas na conclusão de que seria assim o bem supremo. Para ele, este argumento apenas prova que o prazer é um bem entre outros, porque todo bem ficaria melhor ao lado de outro bem. Ainda aproveita para fazer uma referência direta ao diálogo *Filebo*, pois, lembra, este argumento é usado por Platão para mostrar justamente que o prazer não é o bem maior, visto que o prazer com sabedoria da vida mista é melhor do que o prazer sem sabedoria. Eudoxo teria descuidado da integridade dedutiva de seu argumento. Spengel[196] suspeitou de que pudesse haver uma tal falha no espírito de um matemático sutil, e pretendeu corrigir a formulação para conservar a idéia: "O prazer, acrescentado a outro bem por mínimo que fosse, é suficiente para torná-lo maior do que qualquer outro bem de que o prazer esteja ausente." Mas não parece que seja apenas uma questão de correção argumentativa, Eudoxo está de fato apontando para um acontecimento bem observável: o de que o prazer intensifica e melhora as atividades em geral; assim, o atleta que sente prazer no atletismo vai desempenhar-se melhor nos exercícios e na competição, o músico que sente prazer na música vai estudar mais e se entregar inteiro na atividade musical, e assim por diante. É esta observação que para Aristóteles ainda não é suficiente para nos levar a concluir que o prazer seja o maior dos bens. Há, todavia, nessa argumentação, uma idéia útil para a busca do bem maior: este bem não pode ser nada que fique melhor do que já é se lhe acrescentamos um outro bem. Mas qual será este último e melhor dentre os bens humanos, a que nada falta nem acresce em beatitude e felicidade?

O quinto argumento

O quinto argumento não é propriamente um argumento demonstrativo, mas o reforço na idoneidade e sinceridade de quem profere a tese e seus argumentos. Trata-se do exemplo virtuoso do próprio Eudoxo, à medida que não se comportava como alguém que fosse escravo dos prazeres, mas que agia em tudo de forma prudente e temperante. De modo que seus argumentos e sua proposição não derivavam de um pendor ou de uma fraqueza, mas da verdade extraída da observação, da experiência e da reflexão. O comportamento do homem que sustenta uma tese moral é o que poderíamos chamar de argumento pragmático ou paradigmático. Sem dúvida, esse argumento menos composto de palavras do que de ações é dos que mais possuem força persuasiva. É também o argumento que, em falhando, deita a perder tudo que se disse, é a desmoralização do filósofo moralista. Aristóteles repara, com perspicácia, que os que defendem os prazeres estão convencidos de suas teses e falam com liberdade e sinceridade; já os que os condenam em geral o fazem para contrabalançar o comportamento vulgar que pende em demasia, sem medida e sem prudência, para aquele lado perigoso. Mas pior do que não calcular muito bem a direção para a qual nossas palavras devem levar é ver as próprias palavras serem refutadas pelas próprias ações:

> Pois o que censura o prazer, quando é flagrado em sua confluência, dá a impressão de que este pendor para este prazer é como todo pendor para todos os prazeres; pois discernir não é uma característica da maioria [...] as palavras verdadeiras não apenas são as mais úteis para conhecer, mas também para conduzir a vida.[197]

Espeusipo

Espeusipo era o grande adversário de Eudoxo na querela dos prazeres, tendo escrito, conforme nos relata Diógenes Laércio, um diálogo intitulado *Do Prazer* e dois diálogos contra os cirenaicos, intitulados: *Aristipo de Cirene* e *Aristipo*. O relato de sua vida por parte do doxógrafo é bastante cruel, relatando sua cólera, suas inclinações, suas doenças e sua morte. Aristóteles também não gostava dele. Muitas das referências que aludem a ele em Aristóteles e Platão o tratam seja como adversário (*enântios*)[198] ou inimigo (*polêmios*)[199]. As razões são sempre pessoais, Diógenes sendo epicurista e Aristóteles um concorrente, mas tal confluência de testemunhos deve ter seu fundo de realidade.

Espeusipo desprezava o prazer, e considerava que o bem não era nem o prazer nem a dor, tese já partilhada pelos cínicos e que será retomada pelos estóicos. Mas nem Diógenes de Sínope gostava muito da sua pessoa, recusando-se a cumprimentá-lo porquanto este teimava em viver carregado, quando lhe sobreveio a paralisia.

A inspiração platônica na sua condenação dos prazeres prendia-se às teses apresentadas no diálogo *Górgias*, em que o prazer da oratória é associado à adulação, à sedução de um gosto vulgar, ao adorno; e nas censuras dos livros IX e X da *República*, em que o prazer da poesia ilude a mente e amolece o ânimo.

Na *Ética a Nicômaco*, ele é o *sparring* da revisão argumentativa de Aristóteles.

O primeiro argumento de Espeusipo dizia que o prazer, não sendo uma qualidade, não podia também ser um bem. Provavelmente, considerava o prazer um afeto, quer dizer, algo que não se possui, mas que se recebe ou sofre, algo que não pode demarcar uma característica da essência ou do sujeito. Assim, se sinto um prazer, isto não me torna bom ou mau, não me pode ser atribuído como predicado, de modo que também não me é algo bom nem ruim. Aristóteles, para refutá-lo, apenas cita outros bens que tampouco são qualidades: as atividades do homem virtuoso, e a própria felicidade.

O seu segundo argumento diz que o prazer é ilimitado ou indeterminado, porque comporta o mais e o menos, de modo que não pode ser um bem, visto que este é uma perfeição, um fim, um limite. Ora, mas das virtudes também se pode dizer que alguém é mais ou menos corajoso, justo, sábio... E mesmo de algo completo como a saúde é possível dizer que as proporções e medidas que a mantêm diferem em quantidade de um indivíduo para outro. Mas, antes, os que defendem este argumento precisam nos dizer qual a verdadeira razão por que dividem os prazeres entre os mistos, que comportam excessos, e os puros que não os comportam — Aristóteles mostra logo que o argumento de Espeusipo é um arremedo da idéia platônica da distinção dos prazeres.

Aristóteles não põe na conta específica de Espeusipo os argumentos gerais que ele refutou na sua primeira redação da teoria do prazer e que foram anexados ao capítulo que discute a temperança e a incontinência.[200] Vejamos, todavia, alguns destes pequenos argumentos empíricos dos anti-hedonistas: primeiro, o fato de que o temperante foge dos prazeres e as crianças e os animais os buscam; segundo, que o sábio busca a ausência de dor e não o agradável e, além disso, que o prazer atrapalha o pensar, e quanto maior, mais atrapalha, visto o que acontece no caso dos prazeres sensuais.

Para os primeiros argumentos, Aristóteles responde que os temperantes e sábios fogem dos excessos e das dores e ansiedades que alguns prazeres comportam, mas que não fogem dos prazeres simples e puros. Para o último, a resposta de Aristóteles é muito perspicaz: há prazeres próprios a certas atividades e outros que lhe são estranhos; se os prazeres próprios melhoram o desempenho da atividade, os estranhos acabam por ter o efeito contrário. Assim, o prazer de pensar incrementa o próprio pensamento; mas seduzido por uma atividade sensual, o pensar se desvia, do mesmo modo que, seduzido por uma reflexão transcendente, o sexo se atrofia. Se um prazer atrapalha, a causa não está no prazer mas no desvio de atenção, na falta de concentração, o que, evidentemente, é outro problema.

Estas refutações são apenas o aquecimento para a refutação que verdadeiramente importa: os adversários de Eudoxo, à sombra de Platão, dizem que o prazer não pode ser um bem, porque um bem nunca seria um vir-a-ser ou movimento ou geração, sendo algo completo e perfeito (*teléion*). Mas o prazer não é um movimento, visto que não pode ser rápido ou lento. Embora seja possível alcançar o prazer ou a cólera com maior ou menor velocidade, não é possível que o próprio gozar tenha velocidade. O prazer não se dá como um vir-a-ser, mas como um ato efetivo. Se observarmos com atenção os fenômenos naturais de repleção e definhamento, veremos que é o corpo que se enche ou se esvazia, mas quem sente prazer ou dor não é o corpo mas a alma. O que acontece com o corpo pode ser visto como um processo generativo ou degenerativo, mas o prazer ou a dor que os alcança e acompanha em determinado momento aparece como um resultado efetivo. Essa refutação é essencial para a constituição da teoria aristotélica do prazer, que veremos no próximo capítulo.

Revisão da tese de Platão

Antes de apresentar a sua própria teoria, Aristóteles ainda precisa revisar alguns aspectos da discussão platônica travada no diálogo *Filebo*. Trata-se dos prazeres repreensíveis, que Platão deixa de fora do caldeirão do bem, porque são violentos e prejudiciais. Para Aristóteles, estas atividades não são objetivamente agradáveis, elas são agradáveis apenas para alguns, como para os doentes, coisas doces podem parecer amargas e outros objetos sensíveis podem não corresponder às sensações que habitualmente são sentidas em estado sadio. Ele admite contudo a distinção dos prazeres, feita separando os prazeres provenientes dos bons e das belas ações (*apó ton kalón*) dos provenientes dos maus e das ações feias (*apó ton aiskhrón*):

> Não é possível sentir o prazer do justo não sendo justo, nem do culto não sendo culto, e assim por diante.[201]

É possível listar alguns tipos de prazeres ou correlatos que se repreendem: por exemplo, preferimos o amigo ao adulador, porque o primeiro quer nosso bem e o segundo só quer agradar. Um homem adulto não vai querer passar a vida em brincadeiras infantis. Um homem virtuoso não cometeria uma ação vil movido por prazer...

VII — Eudemonia

"Julgamos, também, que precisa estar misturado na felicidade um prazer e concordamos que a atividade segundo a sabedoria é a mais agradável dentre as atividades segundo a virtude; opina-se que, pelo menos para os refinados e íntegros, a filosofia tem prazeres admiráveis, pois bem se diz que a diversão mais prazerosa pertence aos que buscam as idéias."[202]

Aristóteles

Aristóteles

Arquitetônica

Há duas redações de uma teoria do prazer da parte de Aristóteles,[203] uma primeira, proveniente da *Ética a Eudemo* e que foi incorporada ao sétimo livro da *Ética a Nicômaco*, seguindo o capítulo que trata da continência e da incontinência, i.e., depois da discussão sobre as virtudes concernentes ao uso e controle dos prazeres, indo do décimo primeiro ao décimo quinto capítulo. E uma outra e definitiva que ocupa os cinco primeiros capítulos do livro décimo da *Ética Nicomaquéia*. Em ambas, Aristóteles segue um plano parecido que parte de uma revisão das principais teses dos hedonistas e anti-hedonistas e depois apresenta a sua teoria com uma definição ontológica e uma avaliação do lugar do prazer entre os bens humanos. A revisão se repete na estrutura de avaliação dos principais argumentos, mas na segunda redação Aristóteles não sente necessidade de repeti-los todos. Já a parte dedicada à sua teoria é bem mais extensa na segunda redação e a definição do prazer é reelaborada em detalhes significativos. Há, também, no restante da sua obra, passagens importantes envolvendo considerações sobre o prazer, especialmente na *Retórica* e na *Poética*, mas sempre de algum modo relacionadas a questões éticas e políticas.

> A teorização dos prazeres e das dores é própria de quem se ocupa de filosofia política: pois este é o arquiteto do fim em vista do qual dizemos de cada coisa que é simplesmente ruim ou boa.[204]

A teoria dos prazeres obedece a um propósito primeiro das investigações éticas e políticas, de encontrar e esclarecer o fim último que deve orientar e subordinar as ações humanas. Este fim último das ações individuais é o que Aristóteles entende como o bem humano, seja ele individual ou integrado a uma coletividade política. Este bem é o que chamamos de felicidade (*eudaimonia*). Mas qual é a vida que se pode com mais acerto chamar de propriamente feliz? Esta é a primeira questão da investigação.

Há uma série de bens nos quais os homens procuram encontrar a felicidade. À medida que buscam alcançar este ou aquele bem como realização da vida feliz, é a vida mesma que ganha um sentido e uma orientação. O fim, portanto, não é somente algo que se alcança ao termo da viagem, mas a orientação condutora de todo o caminho. A cada diferente compreensão do que seja a felicidade não é apenas o conhecimento que muda, mas toda a vida. Por isso, a teoria da finalidade da ação é a arquitetônica da ética e da política. Assim como há vidas diferentes, também há diferentes governos, segundo o princípio (*arkhé*) que os dirige. O ambicioso e a oligarquia são movidos pelo dinheiro, como o guerreiro e a timocracia são movidos pela glória das honrarias. Mas estes princípios não podem ser alçados a verdadeiros fins porque o dinheiro e a guerra são apenas meios de se obterem outras coisas. Só têm direito a um exame mais acurado as vidas movidas por princípios que sejam realmente últimos, desejados por si mesmos e não em vista de algo mais. Tais princípios práticos, ou finalidades da vida, ou bens que podem ser entendidos como últimos e dignos de serem examinados na investigação da felicidade são, para Aristóteles, três: o exercício das virtudes, a atividade contemplativa e o prazer.

Em toda a *Ética a Nicômaco*, assim denominada porque foi dedicada à educação de seu próprio filho, Aristóteles examina três modelos de vida feliz, segundo uma hierarquia tripartite da alma e das classes sociais, já estabelecida na *República* de Platão. Esses modelos são: a vida que busca a satisfação dos prazeres; a vida pública que se realiza no exercício das virtudes; e a vida contemplativa dos teóricos em geral, e do filósofo em particular. Para o filósofo, a vida feliz deve ser a realização da atividade conforme a melhor e mais própria virtude do homem e, se este homem for íntegro e bem-educado, esta atividade também há de render-lhe os prazeres mais puros.

Ao analisar a excelência das virtudes humanas, Aristóteles começa por separá-las em dois grupos: as virtudes morais (éticas) e as virtudes intelectuais (dianoéticas). As virtudes éticas dizem respeito primeiro à integridade do corpo e ao domínio sobre os apetites, como são as virtudes da temperança e da continência; e também elas dizem respeito à convivência civilizada de um homem livre com outros homens livres, são virtudes como a coragem, a justiça, a liberalidade, a serenidade etc. Entre essas virtudes, Aristóteles mostra como a ação excelente requer um saber da medida, da oportunidade, da situação e das pessoas relacionadas; requer uma educação de modo a criar bons hábitos pela emulação dos homens nobres e uma experiência enriquecida pela lida com os casos particulares; requer também uma boa percepção e intuição dos limites, e ainda força para exercer a vontade de agir bem. Ser um homem de ações virtuosas é difícil, e sempre é mais fácil errar, seja pela falta, seja pelo excesso. É bom reparar como a medida não é perdida somente no excesso. Ao analisar cada uma das virtudes morais, Aristóteles também mostra, como contraste, as formas de desvio da excelência, tanto o desvio para menos quanto o desvio para mais. Assim, se a coragem é a virtude excelente, erra-se por covardia (coragem de menos) ou por temeridade (coragem demais). Vista da perspectiva dos desvios, a virtude aparece como um meio, ou um centro, em que o homem nobre e valoroso busca mirar para agir melhor. O meio-termo da teoria aristotélica das virtudes não deve ser visto como uma média ou um estado medíocre das paixões e ações, mas como uma capacidade de agir com precisão, cujo alcance nas atividades realiza a excelência do homem nobre.

O homem, porém, possui outras virtudes, além das morais. Possui também as virtudes intelectuais, que se realizam como formas de saber e pensar. São estas: a arte, a ciência, a sabedoria, a prudência, a intelecção. Estas virtudes governam as realizações morais, porque aquelas requisitam não apenas a educação nos bons hábitos, mas também a inteligência dos fins, a percepção das condições e da situação, o raciocínio acerca dos melhores meios. Neste sentido, as ações morais subordinam-se às intelectuais e à razão, e assim mostram-se como efetivamente humanas, nem de animais que agem por natureza, nem tampouco de deuses perfeitos. Além disso, essas virtudes propiciam realizações intelectuais próprias: a produção artística, a ciência, a contemplação do espetáculo do mundo. Estas são as atividades mais próprias do homem e as melhores. Às vezes, Aristóteles caracteriza-as como atividades divinas, ou do que há de mais divino no homem.

Há uma polêmica entre os intérpretes da ética aristotélica quanto ao sentido da mais perfeita felicidade humana. Aristóteles é muito claro ao caracterizar a vida contemplativa como aquela que mais corresponde ao sentido de uma realização perfeita, por ser a atividade contemplativa ou teórica a que mais corresponde ao que se pede da felicidade: é final por ser autárquica e em vista de si mesma, podendo ainda governar as demais atividades; é autônoma, à medida que se basta a si mesma e, mesmo sendo mais bem realizada na companhia de amigos, pode ser realizada em perfeita solidão, e ainda propicia os prazeres mais refinados ao apreciador de espetáculos (não importa se a vida e o mundo venham a lhe parecer cômicos ou trágicos). Quanto à perfeição da atividade contemplativa, não há dúvidas. A polêmica está no sentido da relação entre a vida contemplativa e as demais vidas, a do exercício das virtudes políticas e a dos prazeres. Porque, entre as três formas de conduzir a vida, a busca pelo prazer é a mais selvagem, a vida de espectador é a mais divina, e a mais humana é, sem dúvida, a vida política. Afinal, o homem é o animal político. De modo que fica em aberto se a melhor vida humana é a vida contemplativa isolada da vida política, tal como o ideal monástico medieval. Ou se a melhor vida humana, propriamente humana, deve integrar o exercício tanto das virtudes morais da vida política quanto o das virtudes do intelecto, especialmente a atividade teórica, da vida contemplativa. Além disso, quem ousaria dizer que o prazer está ausente da atividade teórica do espectador, e mesmo da ação virtuosa para o homem nobre?

Um bom modo de situar-se neste problema é não perder de vista o sentido da teleologia prática do pensamento aristotélico. A atividade contemplativa é a melhor e mais perfeita, sem demandar para isso exclusividade. Aliás, para Aristóteles, somente os deuses podem viver exclusivamente em contemplação. Sendo ela a atividade fim, não exclui as demais, mas as integra sob seu domínio. Assim, a teoria, sendo a atividade última, governa o exercício das virtudes políticas e lhes dá um sentido: a cidade deve organizar-se em vista das atividades livres, ociosas, como as atividades contemplativas (exercidas no teatro das representações artísticas, ou no espetáculo científico, natural, do mundo). Além disso, a atividade contemplativa também supre o fim daquele que busca os mais altos prazeres, de modo que, na teoria aristotélica dos prazeres, o homem também pode perder o gosto selvagem da gula e da luxúria, para refinar seu gosto até a divina apreciação das idéias.

A teoria do prazer

Para Aristóteles, o prazer em sua constituição ontológica é semelhante à visão, como uma atividade acabada por toda a sua duração, completa (*teléia*), indivisível, e não um movimento para vir a ser. Por isso, a importância de refutar a tese platônica do prazer como repleção, retomada por Espeusipo como movimento ou geração. Aristóteles chega a dizer que, sendo instantâneo, o prazer poderia subsistir até fora do tempo — como na atividade perfeita dos deuses!

Mas Aristóteles tem dificuldade de apreender exatamente a constituição da completude do prazer, de modo que vai apresentar duas definições diferentes: uma primeira, na primeira redação da teoria feita na *Ética a Eudemo*, e uma segunda, na redação definitiva da teoria. As duas, porém, são conservadas na *Ética a Nicômaco*, de modo que não podemos afirmar categoricamente que a segunda supere por completo a primeira. As duas merecem ser consideradas.

> O prazer é atividade desimpedida de uma disposição conforme a natureza.[205]

Nesta primeira definição, o prazer é uma atividade (*enérgeia*), e portanto uma atualidade completa, e não um processo para tornar-se ou gerar algo. Duas características importantes a qualificam. Primeiro, a conformidade a uma disposição natural: esta condicionante é importantíssima para distinguir os prazeres conforme a natureza do homem virtuoso, dos prazeres conforme outras naturezas, e para não caracterizar como prazeres reais e sadios os que venham contra a natureza. Esta ligação do prazer com as disposições naturais também fundamenta a distinção que Aristóteles faz entre prazeres próprios a determinada atividade e os prazeres que lhe são estranhos e que funcionam não propriamente como prazeres, mas como obstáculos e desvios de atenção. Estes não são prazeres conforme a natureza daquela atividade. Natureza significa em todos esses casos uma tendência própria, uma índole, um pendor, seja da atividade, seja do agente.

A segunda característica é o eixo de toda essa definição: o ser desimpedido (*anempódiston*). O desimpedimento resgata a fisiologia cirenaica do prazer, mas com maior acuidade na definição. Equivale ao liso e fluente das compreensões antigas, contra o rugoso, o áspero, o que trava, impede e provoca atrito para a atividade. Mas a atividade desimpedida e fluente não é um movimento como aqueles pensavam, porque a atividade permanece inalterada e completa na sua atualidade efetiva. O desimpedimento também explica como o prazer propicia a melhor realização da atividade, quando ela está em melhores condições de se realizar, sem nenhum obstáculo.

Mas essa definição ainda não satisfaz plenamente o filósofo. Que o prazer esteja relacionado a uma situação completa e efetiva não quer dizer que seja a atividade mesma da qual se diz que é prazerosa. Nem toda atividade conforme a natureza é necessariamente prazerosa quando desimpedida; uma vista que geralmente é agradável quando nítida e desimpedida pode recair, por exemplo, sobre uma cena desagradável. Além do mais, chamamos a atividade de prazerosa, mas seria ela mesma o prazer? A segunda definição parece querer corrigir estas imprecisões. Ela provém de uma consideração sobre as condições de perfeição da intuição dos sentidos ou do intelecto, que para sua excelência precisam estar em bom estado, saudáveis e em relação com um belo objeto. Assim cada intuição alcançará o seu prazer a partir da melhor relação de sua boa disposição com os melhores objetos.

> O prazer completa a atividade não como o faz a disposição imanente, mas como um certo acabamento que sobrevém, assim como o florescer com a primavera.[206]

Não é preciso dizer que este florescer (*akmáion*) refere-se ao apogeu (*akmé*) do homem. A palavra "akmé" não poderia ser mais apropriada para o que está em questão: ela diz o ápice, o ponto mais alto e melhor, de máxima força e poder, a ponta da lança, no momento oportuno, no ponto certo. Para o homem, a primavera é curta, não é eterna como para os deuses. O prazer, em qualquer atividade que seja, é um gozo passageiro, quando a intensidade e beleza da atividade estão no ápice. Podemos dizer que o prazer advém quando a atividade está mais vívida. É belíssima a passagem em que, no texto, vitalidade e prazer se confundem, explicando por que os seres vivos sempre procuram o prazer. Buscamos a vida por conta do prazer ou o prazer porque intensifica a vida? Aristóteles não tem resposta.

Por conta da intrínseca relação entre os prazeres e as atividades que os proporcionam é que se pode diferenciá-los e avaliá-los moralmente, do mesmo modo que se faz com as atividades. A cada atividade, seu prazer próprio; Aristóteles sempre busca a individuação das diferenças. Os prazeres próprios favorecem a atividade, assim como os estranhos podem obstá-la; a idéia inicial do desimpedimento não é abandonada.

Engraçadíssimo é o exemplo das guloseimas comidas no teatro quando a peça é ruim — a pipoca, pois, é invenção dos gregos!

Evidentemente, se há atividades moralmente condenáveis, seus prazeres respectivos também o serão. Aqui entra em jogo uma das considerações mais importantes sobre o papel ético dos prazeres.

> Por isso, educam-se os jovens dirigindo-os pelo prazer e pela dor. Assim parece ser da maior importância para a virtude do caráter regozijar-se no que se deve e odiar o que se deve.[207]

O prazer e a dor são o acesso primeiro à moralidade, trata-se da matéria com que são construídos os valores de bem e mal e que levam o homem à sua condição propriamente humana. Por natureza, o homem, como todo vivente, busca o prazer e foge da dor, mas a cultura ensina-o por meio do prazer e da dor a buscar o que é bom e fugir do que é mau. Buscar e regozijar-se com o que é moralmente bom; fugir e odiar o que é moralmente mau. Esta é a primeira educação dos valores que dirigem o comportamento humano civilizado: habituar a criança a gozar e a sofrer com o que se deve, para agir como se deve. Por isso, o sentimento de prazer e de dor do homem justo (*díkaios*), do homem sério (*spoudaios*) e do homem culto (*moúsikos*) difere do homem injusto, do indolente e do homem rude. O homem rude goza e sofre segundo a natureza;

o homem injusto goza e sofre contra a lei; o homem culto supera o gozo e o sofrimento natural; o homem justo goza e sofre conforme a lei. A educação ensina e forma a humanidade no indivíduo, modelando-lhe o gosto, segundo os valores da cultura tradicional e das leis convencionadas. A educação moral é iniciada como uma educação estética. De modo que é primeira matéria moral a educação que o grego chama de musical.

Mas a educação musical não se restringe ao discernimento crítico do que é bom e do que é ruim, do que é belo e do que é feio. A educação musical é também uma educação na escala dos valores. Para distingui-la, e para alcançar seus tons mais altos. A audição e o olfato superam o paladar em prazer. A visão é mais pura que o toque. Os prazeres intelectuais mais puros do que os sensíveis. E os prazeres dos animais são diferentes dos humanos e estes dos divinos, ainda que o homem, segundo sua iniciação, participe um pouco de todos.

Prazeres musicais

Se é pelo prazer e pela dor que acedemos à moralidade, à civilidade e à própria humanidade, nada é mais importante para a boa formação do homem do que sua educação estética. Por isso, não apenas Aristóteles, na *Política*, mas já Platão, na *República*, consideraram como a principal tarefa política do governante, do legislador e do filósofo a educação musical dos jovens. O conceito grego de "*mousiké*", é preciso lembrar, tem uma extensão muito maior do que o que entendemos hoje por música. Música, para o grego, é toda atividade inspirada pelas musas, algo que, mal comparando, podemos aproximar do que chamamos de artes e saberes livres. Hesíodo, em sua *Teogonia*, enumerou nove musas para nove gêneros poéticos: Cleo, Euterpe, Tália, Melpômene, Terpsicore, Erato, Polímnia, Calíope e Urânia. A elas correspondem nove músicas: a História, a Lírica, a Comédia, a Tragédia, a Dança, a Erótica, a Pantomima, a Épica e a Filosofia. Com essas músicas e com ginástica, eram educados os jovens gregos que aspiravam ser cidadãos livres.

As músicas são primeiramente voltadas para a beleza — podemos entender que a sua finalidade primeira está, de certo modo, já na simples presença de suas obras —, elas devem ser autônomas e bastar-se a si mesmas, de nada mais carecer. Na *Poética*, há uma única menção sobre a beleza do mito poético:

> O belo, seja um ser animado, seja qualquer outro objeto, desde que igualmente constituído de partes, não só deve apresentar nessas partes certa ordem própria, mas também deve ter, e dentro de certos limites, uma grandeza própria; de fato, o belo consta de grandeza e de ordem; portanto, não pode ser belo um organismo excessivamente

> pequeno, porque nesse caso a vista confunde-se, atuando num momento de tempo quase imperceptível; e tampouco um organismo excessivamente grande, como se se tratasse, por exemplo, de um ser de dez mil estádios, porque então o olho não pode alcançar todo o objeto no seu conjunto, e fogem, a quem olha, a unidade e a sua orgânica totalidade [...][208]

Mas a beleza da música também é acompanhada de um prazer próprio no reconhecimento do conteúdo que está sendo expresso ou representado. Deste prazer no reconhecimento resulta a eficácia da função didática e filosófica da obra poética ou musical. Se a obra de arte educa e instrui, isto é uma conseqüência do prazer que o homem sente na imitação e na representação em geral, não é propriamente uma finalidade mas uma utilidade adjacente ou coincidente. A prova disto é que, se fazemos a obra de arte pensando somente em instruir, corremos sério risco de não cuidar da expressão da beleza e, por isso mesmo, de nem agradar e nem tampouco instruir; mas se buscamos fazer a obra realmente bela, na perfeição do que quer exprimir, por si mesma ela gera prazer e também o saber no reconhecimento. De modo que o homem se compraz na representação e na expressão, das quais decorre como conseqüência uma experiência de aprendizagem. Está na natureza do homem o caráter mimético, por isso ele representa o mundo e tem linguagem, por isso ele se compraz em conhecer e reconhecer, em experimentar e saborear as diferenças do real.

> O imitar é congênito no homem (e nisso difere dos outros viventes, pois de todos, é ele o mais imitador e, por imitação, produz as primeiras noções), e os homens se comprazem no imitado.[209]

O prazer da música não é, todavia, um prazer simples, unicamente decorrente da força expressiva da representação, ou da harmonia orgânica da unidade das partes. As obras de arte podem e devem suscitar emoções e comoções pelas ações representadas, de modo que quem as contemple venha também a experimentar sentimentos perturbadores como os de angústia e de horror.

> As emoções são causas que fazem alterar os seres humanos e introduzem mudanças nos seus juízos, na medida em que elas comportam dor e prazer.[210]

A beleza mais sublime pode produzir vertigem e mesmo ferir. Mas esta dor, profundamente sentida na beleza, paradoxalmente, não repugna mas atrai, não destrói mas purga e purifica. Além das músicas didáticas, que ensinam mitos com conteúdos e valores morais, Aristóteles apresenta, na *Política*, músicas catárticas, depurativas.

A música catártica ou orgiástica, a despeito da colossal bibliografia que se produziu sobre o tema da catarse em Aristóteles, continua misteriosa. O que sabemos resume-se a algumas passagens da *Política*, a qual, quando poderia aprofundar a questão, simplesmente a remete[211] para o que já se tinha tratado na *Poética*. Na *Poética*, porém, sobrou-nos apenas a menção da purgação das afecções ligadas ao terror e à compaixão na definição da tragédia. Menção das mais enigmáticas e discutidas de toda a história da filosofia. Toda a grande teoria da catarse de Aristóteles parece que se perdeu com o desaparecimento do segundo livro da *Poética*.

Aristóteles associa esta música orgiástica aos delírios bacantes, e já vimos que muitas festas e rituais religiosos eram denominados de catárticos, purificadores ou depurativos.

> Pois a paixão está unida a algumas almas de modo intenso, embora ela subsista em todas, diferindo-se pela menor e pela maior intensidade e tendo como exemplos a piedade, o medo e o entusiasmo; pois alguns que são possuídos por essas perturbações, vemo-los por causa dos cantos sagrados, no momento em que se prestam aos cantos suas almas são lançadas em delírio, apresentando-se como os que se encontram sob tra-

tamento e purgação; isto mesmo então é forçoso que sofram tanto os piedosos quanto os medrosos e os que em geral são sensíveis, e os outros na medida em que o mesmo se lança sobre cada um deles; e a todos ocorre uma purgação e sentem alívio junto com prazer.[212]

A catarse aparece freqüentemente no vocabulário religioso e, posteriormente, no vocabulário medicinal grego. Platão introduziu o conceito na teoria dos prazeres. Aristóteles mesmo usou o termo menos na teoria poética, contando apenas com as obras que nos restaram, e muito mais em contextos de descrição de fisiologia biológica, em que não apenas refere-se a uma técnica medicinal, mas também à poda das vinhas, ao crescimento de cabelos e chifres nos animais ou ao fluxo menstrual das mulheres, entre outros.

O mais interessante, no que toca à teoria da arte, é que a função catártica das músicas opera na transformação das emoções humanas, tais como o terror, a compaixão, a cólera e outras que tais. E Aristóteles percebe que a provocação e a transformação das emoções humanas nas obras poéticas é algo tanto ou até mais importante que a expressão de valores e conteúdos morais. Não fora isto, e a catarse das emoções não seria considerada como a finalidade mesma da tragédia, pelo que lemos na famosa definição do capítulo VI da *Poética*:

> Portanto, a tragédia é a imitação de uma ação séria e acabada, que possui grandeza, que compraz pela palavra, com separação de cada uma das espécies em partes, através da atuação e não de um relato, que por meio da piedade e do medo consuma a purgação dessas afecções.[213]

O que quis dizer exatamente Aristóteles ao escrever que a tragédia, mediante a piedade e o medo, produz uma catarse: uma "purgação", ou "purificação"? Trata-se de uma extirpação ou erradicação, de uma moderação ou suavização, ou de uma clarificação das próprias emoções? As teorias sobre o tema são muitas, e não cabe descrevê-las aqui, mas sabemos que as repercussões do problema foram extremamente importantes para a reflexão ocidental sobre as paixões humanas.[214]

Nas músicas catárticas, como a tragédia, a comédia ou a filosofia, não se sabe ao certo como, mas depura-se e alivia-se seja a grande dor trágica, ou a indigência ridícula da existência, na atividade humana que mais se aproxima da própria vida dos deuses e com eles partilha seu prazer: a atividade do espectador (*theorós*). O espectador trágico contempla a cena e se comove na representação dramática da desmedida. O espectador cômico ri da pequenez e das mesquinharias quotidianas. O espectador filosófico contempla e se extasia com a verdade.

VIII — Terapêutica

> "Primeiro, considera que não há outro fim para o conhecimento dos corpos celestes, seja falando de suas relações, seja em vista deles mesmos, que a imperturbabilidade e a firmeza de convicção."[215]
> Epicuro

Com a morte de Alexandre e a dissolução do grande império, as cidades gregas já declinavam de seu apogeu e a filosofia clássica, a pedra reluzente de Atenas, envereda por caminhos menos brilhantes, menos ideais, mais humanos. No Liceu, Teofrasto dá continuidade ao projeto científico de Aristóteles, coletando empiricamente informações para cada campo do saber inaugurado pelo mestre. Na Academia, o idealismo transcendente é cada vez mais suplantado pelo espírito cético e, sob a direção de Arcesilau, a exaustão do exame analítico leva à contínua suspensão do juízo verdadeiro sobre o mundo. Mas a alma socrática ainda paira sobre a cidade das corujas. A sua voz admoestadora sobre a cidade vai retornar e se alçar ao *Pórtico*. O seu cultivo alegre das amizades vai se refugiar no *Jardim*.

E a polêmica, a disputa pelas idéias, pela realização da felicidade, seja na excelência da virtude austera, seja na justa medida do prazer, continua viva e bem acesa. Diógenes Laércio, no início de seu capítulo sobre Epicuro, reporta uma quantidade de calúnias que os estóicos lhe lançavam; entre indiscrições, injúrias e palavrões, enumera mais de quarenta, de todo calão. Ao enumerá-las por escrito antes da apologia que vai escrever, o epicurista as está pública e ironicamente devolvendo, uma por uma.

Estóicos

Sob o Pórtico, a *Stoa Poikilé*, perto da ágora de Atenas, um lugar público dos mais movimentados, Zenão de Cítion proferia suas preleções. Ali são fundados os alicerces da Estoa, cujo edifício vai se erguer por todo o Império Romano durante os cinco séculos seguintes. Nos últimos destes séculos e adiante, traços diretivos da filosofia estóica também vão ressurgir no delineamento moral das religiões universalistas (as igrejas católicas,[216] e seus desmembramentos heréticos e protestantes) e ainda vão ressoar no pilar central da filosofia moral moderna: Immanuel Kant, um novo Crisipo, mas com a obra conservada.

Zenão, a alma fundadora da filosofia e da seita estóica; Crisipo, quem lhe deu estrutura e firmeza conceitual. Para eles, o prazer se encontra entre as fraquezas degenerativas do homem. De linhagem diretamente vinculada aos cínicos, o estoicismo vai acrescentar à postura rústica e ao exercício daqueles, também, a fundamentação e uma argumentação refinada sobre as razões das suas deliberações e ações morais. Não iremos além de Zenão e Crisipo para apresentar o lado estóico da disputa pelo valor dos prazeres, ainda que muitas vezes os testemunhem textos do estoicismo imperial, que se conservaram mais inteiros para nós. Não temos a pretensão de fazer história, buscamos somente nos aproximar dos seus princípios, sobretudo os que delineiam uma postura frente ao prazer.

Zenão chegou aos vinte e um anos em Atenas, vindo de Cítion, na ilha de Chipre. Educado nas tradições cananéias, monoteístas, ele vai conservar o culto ao deus único, que ele identificará com uma razão cósmica universal (*logos*). Foi atraído à cidade dos filósofos pela leitura de histórias sobre a vida de Sócrates, provavelmente textos de Xenofonte. Procurando por um Sócrates, acabou discípulo de Crates, o Cínico, de quem absorveu vários preceitos morais, menos a falta de pudor e o gosto pelo deboche. Também estudou com Estilpão, freqüentou a Academia, quando ela estava sob a direção de Xenócrates, e aprendeu as finezas da dialética com o megárico Diodoro Cronos. Ainda que o Estoicismo seja uma filosofia de preponderância moral, integram-se, na articulação de seus princípios, uma concepção ontológica de base corporalista, uma forte teoria do conhecimento com implicações na dialética e na ética, uma visada política cosmopolita e uma religiosidade universalizante. Mas, sob a túnica estóica, o que ainda insufla a doutrina do *Pórtico* é o último alento da filosofia trágica dos gregos misturado ao vento árido que vem do oriente próximo.

A compreensão cosmológica de Zenão é profundamente inspirada nas fisiologias de Empédocles e de Heráclito. Sem o riso de um nem as lágrimas do outro, seria a fisionomia circunspecta do Estóico a terceira máscara de Dioniso?

> Como é diferente, sob o mesmo infortúnio, o homem estóico instruído pela experiência e que se governa por conceitos! Ele, que de resto só procura retidão, verdade, imunidade a ilusões, proteção contra as tentações de fascinação, desempenha agora, na infelicidade, a obra-prima do disfarce, como aquele na felicidade; não traz um rosto humano, palpitante e móvel, mas como

> que uma máscara com digno equilíbrio de traços, não grita e nem sequer altera a voz: se uma boa nuvem de chuva se derrama sobre ele, ele se envolve em seu manto e parte a passos lentos, debaixo dela.[217]

O mundo é constituído principalmente de corpos,[218] que se alteram segundo dois princípios: a ação e a paixão; as forças agem e os corpos sofrem. Agem por obra da razão (*logos*), que é um impulso divino que perpassa e move todas as coisas. Sofrem porque todo corpo é material e a matéria, ou corpo inqualificado, é quem sofre as alterações.[219] A razão, que é o próprio deus cósmico universal, é a causa primeira de toda ação, todos os corpos interagem dentro de uma mistura geral e sofrem em conjunto a força da razão divina, assim dá-se uma simpatia universal — tudo sofre e se altera em qualquer ação. Como o princípio ativo é único, tudo está submetido a uma única ordem causal, de modo que todo acontecimento natural é previamente determinado. Esta predeterminação da razão universal é a força inamovível do destino (*heimármene*). A razão predispõe um ordenamento cíclico do mundo numa distensão temporal, é a diacosmese (*diakosmesis*): inicialmente o cosmo se engendra numa perfeição harmônica dos extremos, que paulatinamente se vão desgastando, assim como se vão aplainando os picos das montanhas pela erosão;[220] passado o Grande Ano cósmico que Diógenes Babilônio calculou em dez mil e oitocentos anos solares,[221] dá-se uma conflagração total, um incêndio explosivo (*ekpyrosis*) que purifica toda a matéria degradada e repõe o processo em seu momento original. Este ciclo se perfaz e se refaz eternamente: é o Eterno Retorno, da doutrina órfica, que já vimos na física de Empédocles.[222]

Mas se tudo está determinado e predestinado pela razão universal, o que distingue a ação do homem virtuoso da do homem mau, a do homem sábio da do homem estulto? De fato, a cosmologia estóica não traz nenhum desenvolvimento para a história da filosofia e retoma, sem maiores alterações, doutrinas ancestrais; mas lhes são muito próprias e originais as conseqüências morais que delas tiram. O homem sábio vive em concordância (*homologoúmenos*) com o logos universal. Assim o explica Hipólito:

> se um cão, estando atado a um carro, quer seguir o carro, avança com ele e é levado, e deste modo faz o que quer, e ao mesmo tempo executa aquilo a que está forçado; porém se não quer seguir, terá que fazê-lo à força. Pois bem, isto é o que também ocorre com o homem, que, se não quer obedecer, ver-se-á forçado a fazer o que o destino impôs.[223]

Se os fatos do fado são incontornáveis, o modo de recebê-los, nossa atitude e comportamento não dependem daqueles, mas de nossa sabedoria e virtude.

Aí reside precisamente a liberdade humana; não no que se padece ou se goza, mas no modo como se age e reage ao sofrimento e ao gozo, enfim ao que cai fatidicamente sobre nós. A felicidade humana reside no exercício ativo da liberdade e da razão. Ser arrastado como um escravo ou seguir livre conforme o próprio entendimento que entra em acordo com a razão cósmica universal, *amor fati*. Este acordo de nossa razão particular, de nossas atitudes quotidianas, com a grande razão que move o destino do mundo é o que o homem estóico também chama de conciliação, que ele buscará desde em suas ações privadas até em seus mais amplos propósitos de ativismo cosmopolita. A compreensão desta distinção entre a recepção dos fatos e a atitude que com eles se reconcilia desdobra-se a partir de uma teoria do conhecimento e das capacidades cognitivas da alma humana.

Os corpos atingem e alteram os órgãos sensíveis, estes desencadeiam uma onda no *pneuma* (o ar quente que é a substância corpórea da alma), o qual acaba por efetuar uma impressão no coração hegemônico, que governa o corpo como um polvo com múltiplos tentáculos. Esta impressão é uma representação (*phantasia*), a qual, diferentemente da teoria aristotélica, não é semelhante à forma do objeto sentido, mas uma conseqüência deste, um efeito da cadeia de alterações no corpo e na alma (corpórea). Até aqui o processo flui segundo a necessidade de um encadeamento fisiológico — tal como na teoria da alma corpórea de

Empédocles. Até aqui o processo cognitivo é apenas passivo. A partir daqui, intervém uma força ativa, que mostra a visada original dos estóicos: a razão apreende o caráter próprio do objeto (*idioma*), por um ato de juízo, ou de assentimento (*synkatáthesis*) do verdadeiro e do falso, e gera uma imagem compreensível (*phantasia kataleptiké*) ou simplesmente uma compreensão (*katalepsis*). Cícero descreveu a lição gestual de Zenão:

> Ele mostrava sua mão aberta, com os dedos estendidos: "Eis a representação", dizia; depois contraia ligeiramente os dedos: "Eis o assentimento." Depois fechava a mão e apertava o punho, dizendo: "Eis a compreensão"; aliás, foi a partir dessa imagem que ele deu a esse ato um nome que antes não existia, o de *katalepsis*; depois com a mão esquerda, que ele aproximava, segurava com força o punho direito dizendo: "Eis a ciência, que ninguém possui além do sábio."[224]

Como o ato racional do assentimento poderia ser perturbado por diversos fatores, a Estoa vai dar enorme importância ao desempenho dialético da razão humana, buscando esclarecer suas diversas formas e conexões, suas figuras e seus encadeamentos dedutivos. Crisipo foi o grande mestre da lógica estóica, com grande perspicácia para o funcionamento efetivo do discurso e criatividade conceitual para demarcar detalhadamente a diversidade dos elementos, das partes, das ligações, dos silogismos e dos sofismas que compõem a linguagem humana. A gramática, com seus principais conceitos usados até hoje, é uma ciência de índole aristotélica mas de constituição estóica. No entanto, o grande desenvolvimento de Zenão e Crisipo no plano da linguagem é a dedução modal, o raciocínio que não apenas infere uma coerência no conhecimento da realidade, mas que tira desta uma conseqüência prática e moral, um dever. Já na teoria da interpretação e da representação, esta não era o resultado de uma simples semelhança formal, mas um efeito, uma conseqüência: a impressão sobre a matéria da alma. No domínio analítico, os estóicos vão desenvolver, por um lado, o estudo das proposições narrativas, que não dizem de algo que é algo (*ti katà tinós*) como na assertiva aristotélica, mas sim que algo faz ou acontece, com ênfase na ação verbal do sujeito. Uma análise proposicional mais próxima da linguagem usual. Por outro lado, no estudo dos silogismos, aprofundam a compreensão dedutiva da proposição hipotética ou condicional (*synémmenon*):

> Se torceres a perna, então ela quebrará.
> Não te disse que, torcendo,
> ela quebraria?[225]

Se a proposição categórica de Aristóteles é a forma do conhecimento científico, a proposição narrativa e o silogismo modal são a forma da justificação racional da ação. Com isso, os estóicos vão além da noção clássica de virtude, eles podem acrescentar-lhe o modelo racional do dever (*tò kathékhon*). O dever para o estóico está embasado na capacidade de alcançar uma certeza firme e constante. A variação de opiniões, a inquietude, a falta de rigidez estão associadas às aparências e às ilusões. O filósofo estóico rechaça toda ilusão e tudo que possa encobrir a transparência de seu raciocínio e a firmeza de seu caráter. Por isso, abomina as paixões a que ficam submetidos os incontinentes, os fracos, os iludidos. As paixões que podem levar a um assentimento errado, um falso juízo, um desacordo com o encadeamento da razão universal.

> Ao deparar-se diante dos olhos um obstáculo que impede de ver, é preciso removê-lo. Se ele permanece, desperdiça o serviço quem admoesta: "andarás assim, estenderás a mão assado." Do mesmo modo, se algo obceca a alma e a impede de ver a ordem do seu dever, age em vão quem admoesta: "vive assim com o pai, vive assim com a esposa." De nada servirão os preceitos enquanto o erro ofuscar a mente.[226]

A racionalidade ativa constrói a personalidade humana; já a paixão (*pathos*), que afeta o corpo com falsas impressões, desencadeia o processo degenerativo da matéria e dissolve a personalidade. Crisipo vai apontar a relação entre sofrimento (*lypé*) e dissolução (*lysis*), a qual aponta para uma terapia de resistência e contenção.[227] As paixões de que sofre uma alma são de quatro gêneros: temores e dores, desejos e prazeres. As espécies destes gêneros são inumeráveis. Todas elas têm o mesmo valor corruptor da matéria e turvo para a clareza racional do dever. O homem sábio não se deixa afetar por elas, ele possui uma constituição (*sýstasis*) resistente e contida (*eukrasia*) e sua alma tem força de caráter (*eutonia*). Para fortalecer o caráter, o sábio habitua-se a suportar a dor pelo exercício e pelo esforço (*ponos*) e a extirpar o prazer, esse catalisador universal. Seu objetivo tônico é o de alcançar a indiferença às paixões, todas; e mover sua ação lógica, impulsionado somente pelo dever.

O filósofo estóico não refuta a evidência de que os seres animados são movidos por sua natureza a fugir da dor e perseguir o prazer. De modo algum o estóico afronta as leis naturais da razão universal; mas se a pedra é movida somente pela gravidade, a planta já tem um impulso para a luz; se o animal busca o prazer para sobreviver, o homem dotado de razão pode ser movido por um princípio ativo mais forte: o acordo com a própria razão universal. O homem não vive apenas a vida animal (*zoé*), ele não é somente arrastado por forças exteriores, o homem senhor de si edifica a sua existência (*bios*) de forma autônoma com esta força transfiguradora que encontra no interior de sua racionalidade a forma lógica da ação moral, livre de tudo o mais; a força do dever.

O homem movido pelo dever não está restrito à sua vida individual e egoísta; movido pelo dever ele transcende sua individualidade e torna-se altruísta, torna-se uma força agente dentro de um projeto mais amplo de harmonia e justiça. Por esse projeto maior, ele suporta a existência e sacrifica sua vida. O estóico, pela força do dever, torna-se um ativista. O seu projeto político não pode servir a nenhum objetivo de satisfação particular; tampouco vai se satisfazer com as convenções de um povo ou de uma nação. O projeto político estóico é mais do que cosmopolita, é ecumênico, pretende ser universal. A sua catequese só termina quando a humanidade inteira estiver submetida ao destino cósmico e ao império do Logos. O estóico amplia para todas as direções a idéia de humanismo e semeia a idéia dos direitos e deveres universais, ele quer curar os males do homem e regenerar o mundo. Nietzsche chamou este plano católico estóico de "metamorfose da escravidão, sua transfiguração pela moral".[228]

Epicuro

Talvez a simplicidade seja devida apenas ao fato de que a tradição textual que nos restou de Epicuro se encontre sobretudo no gênero epistolar; mas é sempre reconfortante ver a filosofia falar com os dois pés no chão. De fato, o que temos da teoria de Epicuro sobre o prazer encontra-se principalmente numa carta dirigida a Meneceu. Uma carta que propõe uma terapia filosófica para realizar a vida feliz. A filosofia de Epicuro está toda voltada para a felicidade: tanto a Fisiologia, o seu estudo da natureza, quanto o Cânon, a sua teoria da linguagem e do conhecimento, estão a serviço da cura filosófica dos males que travam o exercício de uma vida feliz. Tudo que não está efetivamente voltado para este fim é adiável e dispensável, Epicuro abomina a polimatia, a erudição sem propósito, a aprendizagem excessiva que percorre todas as áreas da cultura e da ciência antes de chegar aos saberes que realmente importam. Mas aqueles saberes que transformam a vida e a tornam feliz, esses são urgentes, porque não se deve adiar a felicidade: a vida é curta, eterna é somente a morte que chega rápido e sem pedir licença.

> Que ninguém, jovem, tarde a filosofar, nem, ficando idoso, se canse da filosofia. Pois nunca é cedo demais nem tarde demais para cuidar da saúde da alma.[229]

O epicurismo é antes de tudo uma apurada atenção aos fins e à medida. A simplicidade é decorrência dessa postura, a objetividade na realização da vida feliz, também. O estudo da natureza é claramente orientado por estes valores: o atomismo é a perspectiva naturalista que, com a menor quantidade de elementos e causas, mais exprime o movimento, o vir-a-ser, as transformações, diferenças e relações dos entes. Epicuro resume os princípios da sua Fisiolologia também em uma carta, dirigida a Heródoto. O seu atomismo é inspirado de Demócrito, mas Epicuro acrescenta um elemento novo, que o vai separar ainda mais das concepções dos estóicos e de todo determinismo, naturalista ou de qualquer outra ordem.

Os átomos, em seu movimento no vazio, declinam, desviam-se de sua trajetória retilínea em ângulos mínimos imprevisíveis. Esse é o aspecto mais obscuro da física de Epicuro, não apenas pelo problema do movimento em si mesmo, mas também pelo fato de que é um ponto da teoria que nos chegou de modo acentuadamente indireto, não constando nem nas cartas transcritas por Diógenes Laércio nem em alguma outra citação direta.[230] Mas, com toda sua problematicidade, é sem dúvida o aspecto mais genial da Fisiologia. A marca de um pensamento que submete a teoria aos fenômenos, e também que os impregna de valores primordiais. Se a existência do homem pode ser livre, é que há na natureza mesma uma causa da liberdade. O fado não determina tudo; pela teoria dos mínimos desvios o acaso retoma um poder fundamental nos acontecimentos do mundo. Pelo acaso, geram-se mundos diferentes, diferentes ordenações e relações entre os corpos; pelo acaso, diferentes corpos são gerados dos aglomerados de átomos; pelo acaso, o acidente é possível, a falha, o inusitado e o extraordinário. Porém, mais genial ainda, não se trata de uma força esporádica, de um contratempo da natureza, algo que no mais das vezes não é assim, como supõe a teoria aristotélica do acidente. A declinação dos átomos é constitutiva do movimento natural; de *todo* movimento natural. O acaso não acontece por acaso, o acaso está presente em todo movimento; ainda que o seu grau de atuação seja mínimo. Ainda que pequeno, sempre há desvio.

> O *clinamen* ou declinação não tem nada a ver com um movimento oblíquo que viria por acaso modificar uma queda vertical. Ele está presente o tempo todo: não é um movimento secundário, nem mesmo uma segunda determinação do movimento do átomo, que aconteceria em um momento qualquer, em um lugar qualquer.[231]

Mesmo para explicar os desvios e o acaso, a teoria requisita apenas mais uma causa, totalmente compatível e integrada às demais características da enxuta e moderada teoria atomista. A Natureza de Epicuro é uma engrenagem simples e completa, que inclui nela mesma o princípio da diferenciação e da proliferação dos corpos e dos arranjos de corpos, os também múltiplos mundos. Uma teoria que só não abre mão de corresponder aos desafios postos pela compreensão dos próprios fenômenos, que nunca são ordenados em linha reta. A natureza não semeia as estrelas em xadrez.

A Canônica, o método de conhecimento, também é dotada de objetividade e comedimento. O conhecimento provém dos sentidos, porque na sensação são os próprios corpos que se manifestam para nós e em relação a nós (*pròs hemás*), emanações de simulacros (*phantasta*) que provêm de outros corpos. Os dois extremos do sentido devem se articular: de um lado, o fenômeno, que sempre é tal como se mostra; no outro extremo, o movimento dos átomos, invisíveis mas necessários para compreender com simplicidade o que se passa no mundo perceptível. A extremidade fenomênica é limitada pela evidência, a extremidade atômica, pela coerência. Do momento que consigo coerência na explicação do que a mim se mostra isto é suficiente para o conhecimento. E, sobretudo, o conhecimento está a serviço da vida feliz, sua finalidade e utilidade está justamente em examinar aqueles pensamentos e fantasias que perturbam a alma, trazer a verdade até o ponto em que ela nos predispõe à serenidade. Este é também o limite de extensão do conhecimento desejável para o ser humano, e o seu valor: conhecimento para a vida. Por isso, Epicuro valoriza mais a prudência do que a própria filosofia. O que importa não é o conhecimento absoluto ou desinteressado. Importa aprender a viver, saber alcançar a felicidade, descobrir como melhor sentir prazer.

O prazer, a realização de uma vida feliz, é um afeto (*pathos*) que corresponde a uma plenitude, determinada primeiramente de modo negativo. Ausência de dores no corpo, entre as quais se inclui todo tipo de carência, que Epicuro identifica como causa dos desejos naturais, desejos do que é conforme à nossa natureza, do que nos é congênito (*sýmphyton*). Primeiro, suprir as carências naturais e aplacar as dores, também naturais, do corpo. Em seguida, desafogar as perturbações da alma, todos os pensamentos e opiniões que nos enganam e provocam aflições vãs. Essa plenitude que se dá quando estão supridas as carências do corpo e aliviados os estorvos da alma, Epicuro chama de imperturbabilidade (*ataraxia*).

O fato de que a determinação primeira da ataraxia seja duplamente negativa não significa que seja um estado de indiferença ou de apatia. Acompanha a imperturbabilidade um estado de prazer, o gozo da vida saudável, a alma livre para pensar a verdade e partilhá-la com os amigos. Para alcançar o estado de ataraxia, Epicuro sugere uma terapia especial: a ingestão de um fármaco, uma droga poderosa capaz de reverter tanto as dores do corpo quanto as angústias da alma. Esta droga poderosa é a própria filosofia. Como toda droga, é preciso saber muito bem administrá-la, sobretudo, é importante não errar a dose.[232]

Tetrafármaco

A droga filosófica é composta de quatro antídotos contra os quatro principais venenos que produzem ou aumentam a dor no corpo e os pesares na alma, por isso é chamada de tetrafármaco.

> Conseqüentemente, quem consideras que seja melhor do que aquele que (1) tem uma veneranda opinião sobre os deuses; (2) e passando por tudo se mantém destemido diante da morte; que refletiu sobre a meta da natureza e que, de um lado, (3) o limite dos bens é simples de alcançar e fácil de obter, enquanto, (4) dos males, ou é curto o tempo ou o sofrimento?[233]

O primeiro ingrediente é ministrado pela filosofia desde que ela surgiu, à medida que se insurgia contra os mitos dos poetas e as concepções correntes de idealização e imaginação dos deuses. Os homens têm dois tipos de acepção dos deuses, a primeira é a noção comum, a prenoção (*prolepsis*) que resulta de uma evidência. Esta define os deuses como viventes imortais e bem-aventurados. Nisto não incorrem em erro, porque nesta prenoção não dizemos dos deuses nem que existem nem como; a prenoção apenas abre o sentido de uma questão. Mas quando os homens vão dizer como os deuses existem e com que se parecem, costumam errar feio em suas falsas presunções (*hypolépseis*). Erram, porque em vez de buscar o que seja o melhor e mais digno, acabam imaginando os imortais à semelhança dos próprios homens, com vontades, paixões, preocupações, juízos e até desejos e vícios — diferem apenas no poder excedente e na ausência de morte. Os homens projetam seus valores e ideais sobre as fantasias que produzem dos deuses, de modo que não examinam o que seja realmente o melhor e mais venturoso e que com direito e dignidade cabe a uma concepção veneranda do sagrado. Além de não respeitar a verdade dos próprios deuses, tais presunções provocam angústias atrozes e até mesmo atitudes descabidas e violentas. O peso do olhar divino sobre as ações humanas faz com que se esteja o tempo todo preocupado em agradar ou não desagradar os deuses, enquanto não se examinam realmente a virtude e a excelência das próprias ações. Responsabilizamos os deuses pelo que nos vem de bom ou de ruim, como se estivessem muito preocupados em nos recompensar ou castigar. Ficamos apreensivos com as torturas medonhas do Tártaro e esperamos a sorte de alcançar as ilhas dos bem-aventurados. E queremos dobrar os deuses a nossas vontades com preces, oferendas e sacrifícios. Com tudo isso, abrimos mão de exercer nossa liberdade na responsabilidade das decisões e das ações.

O estudo da natureza tem como primeira missão e objetivo alcançar a verdadeira constituição do mundo, dos seus corpos, dos seus viventes, e dos viventes que reputamos mais excelentes. A teoria atomista nos apresenta o cosmo em sua autonomia e autarquia, que contém todas as forças para mover-se e jogar o jogo do vir-a-ser e ir-de-ser com simplicidade e graça, sem precisar de nenhum maestro a conduzir a grande sinfonia do real. Neste grande jogo os homens podem participar e atuar com responsabilidade, com a assunção de atitudes e valores, não são títeres dos deuses ou joguetes de um destino. Balizam-se os sábios e prudentes pela boa condução da vida, pela fuga das dores e pela busca de uma existência saudável e serena no prazer.

Para Epicuro, os deuses são realmente o que há de melhor e mais excelente, de modo que podem ser os êmulos de nossas ações. Mas este ideal divino de vida feliz se projeta sobre o homem mais nobre não como um exercício arbitrário de desejo, poder e vontade despótica, mas como a máxima serenidade, a mais imperturbável ataraxia. Os deuses, mais do que qualquer um, são imperturbáveis por nossos feitos, seja para agradá-los, seja para afrontá-los. Os mais excelentes viventes têm como mais ninguém aquilo que Nietzsche chamou de "*pathos da distância*". Não precisamos temer os deuses, nem nos pautar por servi-los. Os deuses absolutamente não precisam em nada de nós. Principalmente, não devemos entrar em disputas encarniçadas e violentas, propiciar dores e sofrimentos, sacrificar vidas humanas em seus nomes. Os deuses não estão nem aí para nós.

O primeiro antídoto visa curar-nos de nossas projeções transcendentes, dos falsos valores que elegemos para imitar e obedecer. Deve curar-nos das angústias do além. O segundo antídoto visa fazer-nos aquiescer no limite do que somos, em nossa condição de viventes mortais. Perturba-nos demais o além, mas também perturba-nos a idéia, a certeza, de que a partir de determinado instante não haverá mais além. Depois do temor ao sobrenatural dos deuses, nada perturba mais nossa alma do que o medo da morte. Assim, a segunda missão da fisiologia é compreender o sentido simples e verdadeiro da morte e da mortalidade.

Por que tememos a morte? Supomos que seja algum tipo de dor ou sofrimento. No entanto, a fisiologia da vida nos mostra que toda dor ou sofrimento só se dá como percepção de algum sentido. Ora, o morto não sente absolutamente nada, de modo que não tem como sentir dor. O morto não sente dor, mas o vivo que teme a morte sofre a antecipação dessa dor imaginária. Não é a morte que nos aflige, mas o temor da morte, essa antecipação de um sofrimento ilusório, que nunca poderá ser sentido, quando de fato aderir a hora. Sofremos portanto a dor de uma mentira. Sofremos por puro engano e ignorância, mas sofremos. Quando realmente aprendermos o sentido do vazio não como a falta mas como o acabamento e a plenificação da vida, então não teremos o medo da morte. Mas a evidência dessa verdade não é alcançada por um raciocínio frio: entender por que razões a morte não é um sofrimento é razoavelmente fácil, difícil porém é alcançar a atitude deste entendimento e não sucumbir em vida ao temor da morte quando os fatos da vida nos desafiam. O sábio e o prudente não é alguém que pode seguir coerentemente a dedução de um raciocínio, mas aquele que efetivamente consegue pautar sua vida pelo que sua mente alcança com clareza no pensamento. Aprender o destemor da morte é aprender a enfrentar cada perigo e cada obstáculo com a coragem e a determinação devidas. É também aprender a difícil lição do desapego: saber que a cada dia um dia se conquista e um dia se perde.

O temor da morte ainda traz, além da própria angústia com o nada, outras conseqüências também portadoras de outras aflições e vaidades: a ambição desmedida e a ganância, a ânsia de glória. A segunda componente do tetrafármaco mostra-nos como todos os bens são passageiros e que a vida também é uma passagem do nada para coisa nenhuma. Não temer a morte é aprender a morrer a cada dia, ganhar a única riqueza exclusiva dos mortais: a experiência da passagem do tempo. A passagem que cronicamente a tudo corrói é, sem o temor da morte, transfigurada em passagem prazerosa da intensidade e da vertigem de viver.

Bebamos e comamos, pois amanhã morremos.[234]

O terceiro remédio é administrado à alma para que esta seja boa protetora do corpo, é ainda uma droga filosófica porque a temperança nos usos do corpo é em primeiro lugar o resultado de um saber. O saber que o homem prudente conquista de alcançar e conservar a medida. O terceiro elemento nos fala da experiência de otimizar o prazer. A maior quantidade, a melhor qualidade, e o mais longo usufruto do prazer cabem ao que se torna senhor da medida. Para este, é simples alcançar e fácil de obter o prazer. Não porque este sábio seja cheio de recursos ou aparelhado de poderes como um tirano, mas porque aprendeu a sorver a máxima delícia do simples e com pouco. Aprendeu a encontrar o gozo na circunstância que o rodeia, no que a generosa natureza lhe estendeu por graça. O frescor de uma água cristalina no riacho ou no banho de chuva, o calor acolhedor de uma manhã ensolarada, a fruta madura no pé, o mel colhido que recompensa o esforço. O prazer, Epicuro o cultiva no jardim. Os prazeres supérfluos são os mais difíceis e não são os melhores. Todavia, os demais prazeres não são para desprezar ou repudiar, nenhum prazer é em si mesmo ruim, mas o homem prudente e conhecedor da medida sabe calcular se o esforço despendido é proporcional ao prazer alcançado; sabe ir até onde o corpo é capaz de comprazer-se e sabe parar quando vê se aproximar a dor; sabe ponderar os que hoje são prazeres, mas amanhã podem fazer sofrer. A medida do prazer é o próprio prazer, mas este é um afeto pelo qual podemos ser totalmente senhores e responsáveis. O prazer mais intenso, no entanto, sequer precisamos cuidar de sua medida, nunca este prazer é excessivo, e ele é o que está mais disponível e só depende mesmo de nossa disposição e caráter: é o prazer da convivência entre amigos. Se a convivência ainda é a que entretém a prazerosa atividade da filosofia, então somos realmente bem-aventurados e vivemos entre eles.

> mas viverás como um deus entre os homens.
> Pois em nada se parece com um vivente mortal
> o homem que vive entre bens imortais.[235]

O quadrado terapêutico se fecha com uma sabedoria consoladora acerca do sofrimento. O sofrimento ou é curto no tempo, ou curto na intensidade. Para a experiência da dor, ministra-se o antídoto da paciência. O concurso do tempo faz passar a dor; assim, quando temos a ciência da passagem do tempo, podemos aprender a ausentar-nos da dor. A dor caiu sobre nós nesse momento? Abstraiamo-nos do momento. O nosso pensamento é capaz de adiantar o fim da dor na esperança do alívio, e a suportamos sem desespero, se temos fé de que ela vai passar. O tempo aqui é o grande remédio e saber que o tempo tudo leva é um conforto no momento da dor. Além da expectativa do alívio, também se pode abstrair o momento de sofrimento pela lembrança do prazer. Quando a dor sobrevém e não temos o que fazer para evitá-la, o pensamento pode refugiar-se em uma memória prazerosa; e lembrar de um prazer é revivê-lo um pouco. Mas se a dor é pungente demais, tenhamos essa convicção: a dor muito intensa é curta, ou porque recobramos a saúde e o prazer rapidamente, ou porque logo morremos e, sem sensação, a morte é alívio para a dor excessiva e sem expectativa de cura. Mas se, por outro lado, o sofrimento se torna longo e crônico, a natureza dos sentidos se encarrega de enfraquecer a sensação, até o ponto de nos acostumarmos ao que antes era doído, até que a dor de todo dia vira um despercebido ruído de fundo.

Jardim

Atenas viveu intensamente as mais diversas experiências de pensamento e foi o palco cosmopolita que reuniu pródigas gerações de filósofos, constituindo a era clássica da filosofia. Por suas praças, seus teatros, seus tribunais, os homens disputaram pela virtude, pela verdade e pelo prazer (*logou kharin*) e fizeram ecoar as idéias de mundo e de vida e felicidade que ressoam até nós. Ao final do quarto século antes da era cristã, parecia uma cidade extenuada de seu próprio brilho, vencida por sua própria grandeza. Seus cidadãos ouviram os grandes oradores, premiaram seus filósofos mais queridos, condenaram à morte o mestre de quase todos, exilaram outros. Amadurecida, a filosofia que se mantinha nas escolas e nos parques desconfiava de si mesma, das grandes alturas que já alcançara. Aprendera, porém, a transformar em sabedoria para a vida quotidiana a constante e entusiasmada querela filosófica. Principalmente porque os filósofos sempre viveram as suas idéias e demonstraram-nas em palavras e atos. Talvez as tenham mostrado até demais, de modo que quanto mais as idéias circulavam pelas praças e pelas ruas, mais freqüentemente os seus autores eram convocados a responder por elas e a defendê-las não apenas dos argumentos adversos, mas também da fúria de adversários, aparelhada com partidos nas assembléias e processos nos tribunais. A política na cidade das Atenas perdia pouco a pouco a aura de púlpito da palavra livre e ousada, palco de defesa contra as tiranias bárbaras e intestinas, para tornar-se cada vez mais o lugar carregado de estorvo e preocupação, onde as reviravoltas traiçoeiras se multiplicavam e a sorte era traçada mais por resultados do poder militar que pela palavra persuasiva. Que melhor testemunha esses dissídios do que a crônica da linhagem sucessória na Academia e os exílios a que foram conduzidos os principais diretores de escola, não é a toa que Diógenes Laércio situa o retorno de Epicuro a Atenas ao atingir a maioridade com a data do exílio de Aristóteles em Cálcide.[236] A experiência histórica de Atenas ensinou a única máxima política do epicurismo:

> Vive encoberto.[237]

Excluir-se da agonia política é evitar seus estorvos, refugar a constante perturbação da disputa entre adversários armados, que não atacam somente pela frente como nas batalhas campais. Mas de modo algum a filosofia de Epicuro vai dispensar a convivência e o diálogo aberto entre os homens — fora, porém, fora dos tocheiros da ágora!

Refugiemo-nos, amigos, no Jardim.

O Jardim é o contraposto filosófico à praça pública. Em vez de política, amizade. Não a rua e a praça, mas os fundos da casa. Lá é o lugar agradável e cultivado para a homilia amorosa, para as refeições comuns, para a distensão dos trabalhos, para a ocupação do homem livre, para o diálogo aberto, para a especulação filosófica.

Expulso originalmente do jardim do Éden, o homem nunca perdeu as esperanças de reencontrá-lo. Mas contra as promessas sempre postergadas de paraísos transcendentes, o epicurismo buscou não encontrar, mas cultivar um jardim aqui e agora. Um jardim suficientemente pequeno para caber em uma casa, mas suficientemente grande para sempre ter como acolher mais um amigo. Onde os inimigos ficam intimidados pela hospitalidade. Um jardim em que não se passa falta, porque também ninguém se excede e porque cada um traz a parte que pode e se compraz de dar. Em que as refeições são comuns para compartir o alimento que entra pelas bocas e a palavra que delas sai. No jardim, a figueira é generosa de frutos, a fonte é inesgotável de água pura. O vento que sobe do Pireu tem o cheiro salgado do mar, o sol é abundante o ano inteiro. E os homens estudam a filosofia para bem se dispor com a vida.

O Jardim é o nome da escola de Epicuro, que ali cultivou o pleno sentido da *skholé* — o ócio, o espaço e o tempo alargados para as atividades livres de homens igualmente livres. Livres de toda preocupação e todo negócio, os amigos freqüentavam o Jardim de Epicuro, e como o prazer atrai, realmente eram muitos os amigos. Livres para a franqueza, livres para criar e experimentar, na medida excelente dos homens prudentes, o belo e o prazeroso.

Notas

1 Cf. Platão, *Banquete*, 217 e.

2 *Crepúsculo dos Ídolos*, Incursões de um Extemporâneo, § 23.

3 *Filebo*, 12 b-c.

4 Agradeço, para a realização deste capítulo, à oportuna contribuição de Giovanni Casertano, que me fez chegar o seu livro no dia em que comecei a escrever.

5 Frag. DK 22 B123. φύσις κρύπτεσθαι φιλει.

6 Ὀλίγον πίνομεν ἵνα μὴ ἄλλοι ὑπερ ἡμῶν βουλεύονται, ἀλλ᾽ ἡμεις βουλευῶμεθα ὑπερ ἄλλων.

7 DK 10, 3, β1 μηδὲν ἄγαν.

8 DK 10, 3, α1 μέτρον ἄριστον.

9 DK 10, 3, α10 ἡδονῆς κρατεῖν.

10 DK 10, 3, β3 ἡδονὲν φεῦγε, ἥτις λύπην τίκτει.

11 DK 58 D 8 πολλὰ δὲ τῶν κατὰ τὸν ἀνθρώπινον βίον τοιαῦτα ἐιναι, ἐν οἷς βέλτιόν ἐστιν ἡ ὀψιμάθεια, ὧν εἶναι καὶ τὴν τῶν ἀφροδισίων χρείνα.

12 DK 1 B 5a λαχεῖν ὥραν τῆς τέρψιος.

13 *Elegias*, frag.5 οὔτε τι γὰρ κλαίων ἰήσομαι οὔτε κάκιον / θήσω τερπωλάς καὶ θαλίας ἐφέπων.

14 *Trimetros*, frag.36 τις ἀνθρώπου φυή / ἀλλ' ἄλλος ἄλλωι καρδίην ἰαίνεται.

15 Frag. 140. γάλακτος λευκοτέρα/ ὕδατος ἀπαλωτέρα/ πηκτίδων ἐμμελεστέρα/ ἵππου γαυροτέρα/ ῥόδων ἁβροτέ ρα, / ἱματίου ἑανοῦ μαλακωτέρα,/ χρυσοῦ τιμιωτέρα.

16 DK 10, 3, δ10 ἥδιστον οὗ ἐπιθυμεῖς τυχεῖν.

17 DK 58 C 4 ἀγαθὸν οἱ πόνοι, αἱ δὲ ἡδοναὶ [...] κακόν.

18 ὕες βορβόρωι ἥδονται μᾶλλον ἢ καθαρῶι ὕδατι. DK 12 B 13 Cf. também: DK 12 B 4, B 5, B 9, B 29.

19 τῶν ὄντων τὸ ἄπειρον .... ἐξ ὧν δὲ ἡ γένεσίς ἐστι τοῖς οὖσι, καὶ τὴν φθορὰν εἰς ταῦτα γίνεσθαι κατὰ τὸ χρεών· διδόναι γὰρ αὐτὰ δίκην καὶ τίσιν ἀλλήλοις τῆς ἀδικίας κατὰ τὴν τοῦ χρόνου τάξιν.

20 *Metafísica*, I, 3, 984 a 8.

21 DK 31 B 17 δίπλ' ἐρέω· τοτὲ μὲν γὰρ ἓν ηὐξήθη μόνον εἶναι ἐκ πλεόνων, τοτὲ δ' αὖ διέφυ πλέον' ἐξ ἑνὸς εἶναι. πῦρ καὶ ὕδωρ καὶ γαῖα καὶ ἠέρος ἄπλετον ὕψος, Νεῖκός τ' οὐλόμενον δίχα τῶν, ἀτάλαντον ἁπάντηι, καὶ Φιλότης ἐν τοῖσιν, ἴση μῆκός τε πλάτος τε·

22 DK 31 B 8 ἄλλο δέ τοι ἐρέω· φύσις οὐδενὸς ἔστιν ἁπάντων θνητῶν, οὐδέ τις οὐλομένου θανάτοιο τελευτή, ἀλλὰ μόνον μίξις τε διάλλαξίς τε μιγέντων ἔστι, φύσις δ' ἐπὶ τοῖς ὀνομάζεται ἀνθρώποισιν.

23 DK 31 B 107 ἐκ τούτων <γὰρ> πάντα πεπήγασιν ἁρμοσθέντα καὶ τούτοις φρονέουσι καὶ ἥδοντ' ἠδ' ἀνιῶνται.

DK 31 B 108 ὅσσον <γ'> ἀλλοῖοι μετέφυν, τόσον ἄρ σφισιν αἰει καὶ τὸ φρονεῖν ἀλλοῖα παρίσταται ...

DK 31 B 109 γαίηι μὲν γὰρ γαῖαν ὀπώπαμεν, ὕδατι δ' ὕδωρ, αἰθέρι δ' αἰθέρα δῖον, ἀτὰρ πυρὶ πῦρ ἀίδηλον, στοργὴν δὲ στοργῆι, νεῖκος δέ τε νείκεϊ λυγρῶι.

24 "Parmênides, Empédocles e Platão atribuem a sensação ao semelhante, enquanto os da escola de Anaxágoras e de Heráclito ao contrário..." Teofrasto, *De Sensu*, 1 (DK 31 A 86).

25 "Segundo Empédocles [...] a sensação consiste na adaptação aos poros: o prazer, aos semelhantes segundo as partes e segundo a mistura; a dor aos contrários." *Idem*, 9.

26 DK 31 B 28 ἀλλ΄ ὅ γε πάντοθεν ἶσος <ἑοῖ> καὶ πάμπαν ἀπείρων Σφαῖρος κυκλοτερὴς μονίηι περιηγέι γαίων.

27 DK 68 B 4 τέρψις γὰρ καὶ ἀτερπίη οὗρος <τῶν συμφόρων καὶ τῶν ἀσυμφόρων>.

28 DK 68 B 9 νόμωι γάρ φησι γλυκύ, [καὶ] νόμωι πικρόν, νόμωι θερμόν, νόμωι ψυχρόν, νόμωι χροιή, ἐτεῆι δὲ ἄτομα καὶ κενόν [...] ἡμεῖς δὲ τῶι μὲν ἐόντι οὐδὲν ἀτρεκὲς συνίεμεν, μεταπῖπτον δὲ κατά τε σώματος διαθήκην καὶ τῶν ἐπεισιόντων καὶ τῶν ἀντιστηριζόντων.

29 DK 68 B 243 τῆς ἡσυχίης πάντες οἱ πόνοι ἡδίονες, ὅταν ὧν εἵνεκεν πονέουσι υγχάνωσιν ἢ εἰδέωσι κύρσοντες. ἐν δὲ ἑκάστηι ἀποτυχίηι τὸ πονεῖν ὁμοίως ἀνιηρὸν καὶ ταλαίπωρον.

30 *O Nascimento da Filosofia na Época da Tragédia Grega.* apud. *Os Pré-Socráticos* (Cavalcante de Souza, 1973) p. 358.

31 Na verdade, a lenda de um Demócrito que ri é tardia, a referência mais antiga aparece em Horácio, primeiro século antes de Cristo: *Sátiras*, II, 1. Provavelmente a lenda se configurou em meio às escolas cínicas e epicúreas, que valorizavam o escárnio, uma, e o otimismo, a outra.

32 DK 68 B 189 ἄριστον ἀνθρώπωι τὸν βίον διάγειν ὡς πλεῖστα εὐθυμηθέντι καὶ ἐλάχιστα ἀνιηθέντι. τοῦτο δ΄ ἂν εἴη, εἴ τις μὴ ἐπὶ τοῖς θνητοῖσι τὰς ἡδονὰς ποιοῖτο.

33 DK 68 B 191 ἀνθρώποισι γὰρ εὐθυμίη γίνεται μετριό τητι τέρψιος καὶ βίου συμμετρίηι· τὰ δ΄ ἐλλείποντα καὶ ὑπερβάλλοντα μεταπίπτειν τε φιλεῖ καὶ μεγάλας κινήσιας ἐμποιεῖν τῆι ψυχῆι. αἱ δ΄ ἐκ μεγάλων διαστημά των κινούμεναι τῶν ψυχέων οὔτε εὐσταθέες εἰσὶν οὔτε εὔθυμοι. ἐπὶ τοῖς δυνατοῖς οὖν δεῖ ἔχειν τὴν γνώμην καὶ τοῖς παρεοῦσιν ἀρκέεσθαι τῶν μὲν ζηλουμένων καὶ θαυμαζομένων ὀλίγην μνήμην ἔχοντα καὶ τῆι διανοίαι μὴ προσεδρεύοντα, τῶν δὲ ταλαιπωρεόντων τοὺς βίους θεωρέειν, ἐννοούμενον ἃ πάσχουσι κάρτα, ὅκως ἂν τὰ παρεόντα σοι καὶ ὑπάρχοντα μεγάλα καὶ ζηλωτὰ φαίνηται, καὶ μηκέτι πλειόνων ἐπιθυμέοντι συμβαίνηι κακοπαθεῖν τῆι ψυχῆι.

34 DK 68 B 214 ἀνδρεῖος οὐχ ὁ τῶν πολεμίων μόνον, ἀλλὰ καὶ ὁ τῶν ἡδονῶν κρέσσων. ἔνιοι δὲ πολίων μὲν δεσπόζουσι, γυναιξὶ δὲ δουλεύουσιν.

35 DK 68 B 200 ἀνοήμονες βιοῦσιν οὐ τερπόμενοι βιοτῆι. / DK 68 B 201 ἀνοήμονες δηναιότητος ὀρέγονται οὐ τερπόμενοι δηναιότητι. / DK 68 B 202 ἀνοήμονες τῶν ἀπεό ντων ὀρεγονται, τὰ δὲ παρεόντα καὶ παρωιχημένων κερδαλεώ-τερα ἐόντα ἀμαλδύνουσιν.

36 DK 68 B 211 σωφροσύνη τὰ τερπνὰ ἀέξει καὶ ἡδονὴν ἐπιμείζονα ποιεῖ.

37 DK 68 B 209 αὐταρκείηι τροφῆς σμικρὴ νὺξ [...] οὐδέ ποτε γίνεται.

38 DK 68 B 235 ὅσοι ἀπὸ γαστρὸς τὰς ἡδονὰς ποιέονται ὑπερβεβληκότες τὸν καιρὸν ἐπὶ βρώσεσιν ἢ πόσεσιν ἢ ἀφροδισίοισιν, τοῖσι πᾶσιν αἱ μὲν ἡδοναὶ βραχεῖαί τε καὶ δι΄ ὀλίγου γίνονται, ὁκόσον ἂν χρόνον ἐσθίωσιν ἢ πίνωσιν, αἱ δὲ λῦπαι πολλαί. τοῦτο μὲν γὰρ τὸ ἐπιθυμεῖν ἀεὶ τῶν αὐτῶν πάρεστι καὶ ὁκόταν γένηται ὁκοίων ἐπιθυμέουσι, διὰ ταχέος τε ἡ ἡδονὴ παροίχεται, καὶ οὐδὲν ἐν αὐτοῖσι χρηστόν ἐστιν ἄλλ΄ ἢ τέρψις βραχεῖα, καὶ αὖθις τῶν αὐτῶν δει.

39 DK 68 B 219 χρημάτων ὄρεξις, ἣν μὴ ὁρίζηται κόρωι, πενίης ἐσχάτης πολλὸν χαλεπωτέρη· μέζονες γὰρ ὀρέξεις μέζονας ἐνδείας ποιεῦσιν.

40 DK 68 B 159 εἰ τοῦ σώματος αὐτῆι δίκην λαχόντος, παρὰ πάντα τὸν βίον ὧν ὠδύνηται <καὶ> κακῶς πέπονθεν, αὐτὸς γενοιτο τοῦ ἐγκλήματος δι<καστής>, ἡδέως ἂν καταψηφίσασθαι τῆς ψυχῆς, ἐφ΄ οἷς τὰ μὲν ἀπώλεσε τοῦ σώματος ταῖς ἀμελείαις καὶ ἐξέλυσε ταῖς μέθαις, τὰ δὲ κατέφθειρε καὶ διέσπασε ταῖς φιληδονίαις, ὥσπερ ὀργάνου τινὸς ἢ σκεύους κακῶς ἔχοντος τὸν χρώμενον ἀφειδῶς αἰτιασάμενος.

41 Esta diferenciação aparecerá posteriormente, com Epicuro.

42 DK 68 B 207 ἡδονὴν οὐ πᾶσαν, ἀλλὰ τὴν ἐπὶ τῶι καλῶι αἱρεῖσθαι χρεών.

43 DK 68 B 178 πάντων κάκιστον ἡ εὐπετείη παιδεῦσαι τὴν νεότητα· αὕτη γάρ ἐστιν ἣ τίκτει τὰς ἡδονὰς ταύτας, ἐξ ὧν ἡ κακότης γίνεται.

44 DK 68 B 194 αἱ μεγάλαι τέρψεις ἀπὸ τοῦ θεᾶσθαι τὰ καλὰ τῶν ἔργων γίνονται.

45 DK 68 B 195 εἴδωλα ἐσθῆτι καὶ κόσμωι διαπρεπέα πρὸς θεωρίην, ἀλλὰ καρδίης κενεα.

46 DK 68 B 230 βίος ἀνεόρταστος μακρὴ ὁδὸς ἀπανδό κευτος.

47 *Elegias*, Frag. 7 (Lassere & Bonnard) / Frag. 2 (West). Martino, contra nós e a tradição, lê a palavra δορὶ não como 'lança', mas como 'madeiro', 'casco de nau', o resultado é igualmente interessante, como ele explica: "há uma dificuldade no nexo κλίνεσθαι + ἐν + dativo, que não pode significar 'estar apoiado em', mas 'deitado sobre', e evoca uma postura simposial; δόρυ, portanto, não terá valor de 'lança' mas, segundo um uso igualmente épico, '(madeiro da) nave': 'sobre o madeiro o meu pão empastado, sobre o madeiro o vinho de Ismaro; bebo deitado no madeiro'. Se é assim, Arquíloco descreve uma refeição e bebedeira a bordo de uma nau (em posição similar à de Dioniso na kylix de Exequia), ao longo de uma vigília noturna, como nos faz pensar o testemunho de Sinésio." Martino & Vox, Lirica Greca, 1996, p. 593.

48 "*Pláton*" quer dizer "robusto", "de ombros largos", seu nome era Aristoclés.

49 Platão, *Banquete*, 178 c.

50 Cf. DL 2, 86-87.

51 Cf. DL 2, 99.

52 DL 2, 74 ⸢καὶ γὰρ Σωκράτης, πεμπόντων αὐτῷ τινων καὶ σῖτον καὶ οἶνον, ὀλίγα λαμβάνων τὰ λοιπὰ ἀπέπεμπεν· εἶχε γὰρ ταμίας τοὺς πρώτους Ἀθηναίων, ἐγὼ δ' Εὐτυχίδην ἀργυρώνητον.⸣

53 Cf. DL 2, 66 / 75.

54 DL 2, 72 ⸢πρίω,⸣ ἔφη, ⸢καὶ ἕξεις δύο.⸣

55 DL 2, 77 ⸢ἀπόχεε,⸣ ἔφη, ⸢τὸ πλέον καὶ ὅσον δύνασαι βάσταζε.⸣

56 DL 2, 78 ⸢ὁπότε μὲν σοφίας ἐδεόμην, ἧκον παρὰ Σωκράτην· νῦν δὲ χρημάτων δεόμενος παρὰ σὲ ἥκω.⸣

57 DL 2, 73 ⸢γελοῖον,⸣ ἔφη, ⸢εἰ τὸ λέγειν μὲν παρ' ἐμοῦ πυνθάνῃ, τὸ δὲ πότε δεῖ λέγειν σύ με διδάσκεις.⸣

58 *Idem* ⸢ἐνδοξότερον,⸣ φάναι, ⸢τὸν τόπον ἠθέλησας ποιῆσαι.⸣

[59] Eurípides, *Bacantes*, 836. DL 2, 78 οὐκ ἂν δυναίμην θῆλυν ἐνδῦναι στολήν.

[60] *Idem, ib.*, 317.καὶ γὰρ ἐν βακχεύμασιν οὖσ´ ἥ γε σώφρων οὐ διαφθαρήσεται.

[61] DL 2, 81 ⸢ἐγὼ μὲν γάρ,⸣ εἶπεν, ⸢ἀργυρίων, Πλάτων δὲ βιβλίων ἐστὶν ἐνδεής.⸣

[62] DL 2, 82 ⸢ἀλλὰ μὴν ἔφης οὐκ ἀπορήσειν τὸν σοφόν·⸣ ὁ δ´ ὑπολαβών, ⸢δός,⸣ εἶπε, ⸢καὶ περὶ τούτου ζητῶμεν.⸣ δόντος δέ, ⸢ὁρᾷς,⸣ ἔφη, ⸢ὅτι οὐκ ἠπόρηκα;⸣

[63] DL 2, 67 ⸢οὐδὲ τῷ Πάριδι συνήνεγκε μίαν προκρῖναι·⸣

[64] DL 2, 75 ⸢ἔχω [Λαΐδα], ἀλλ´ οὐκ ἔχομαι· ἐπεὶ τὸ κρατεῖν καὶ μὴ ἡττᾶσθαι ἡδονῶν ἄριστον, οὐ τὸ μὴ χρῆσθαι.⸣

[65] DL 2, 68 ⸢εἰ τοῦτ´,⸣ ἔφη, ⸢φαῦλόν ἐστιν, οὐκ ἂν ἐν ταῖς τῶν θεῶν ἑορταῖς ἐγίνετο.⸣

[66] DL 2, 66 οἷά τ᾽Αριστίππου τρυφερὴ φύσις ἀμφαφόωντος ψεύδη.

[67] Que a medicina contemporânea trata como uma patologia orgânica, a adicção.

[68] Esta origem é contestada por Marie-Françoise Billot, cf. *Antisthènes et le Cynosarges dans l'Athènes des Ve et IVe Siècles*, 1993.

[69] DL 6, 3 ⸢μανείην μᾶλλον ἢ ἡσθείην.⸣

[70] DL 6, 89 τοὺς δὲ τῶν μοιχευόντων τραγικούς, <οὓς> φυγάς τε καὶ φόνους ἔχειν ἔπαθλον· τοὺς τῶν ἑταίραις προσιόντων κωμικούς· ἐξ ἀσωτίας γὰρ καὶ μέθης μανίαν ἀπεργάζεσθαι.

[71] DL 6, 96 ⸢ὁ μὲν νυμφίος οὗτος, ἡ δὲ κτῆσις αὕτη, πρὸς ταῦτα βουλεύου· οὐδὲ γὰρ ἔσεσθαι κοινωνός, εἰ μὴ καὶ τῶν αὐτῶν ἐπιτηδευμάτων γενηθείης.⸣

[72] DL 6, 21 ⸢παῖε,⸣ εἶπεν, ⸢οὐ γὰρ εὑρήσεις οὕτω σκληρὸν ξύλον ᾧ με ἀπείρξεις ἕως ἄν τι φαίνῃ λέγων.⸣

[73] DL 6, 26 ⸢ἂν ἐρωτηθῇς δύο καὶ δύο πόσα ἐστίν, Εἴκοσιν ἀποκρινῇ; οὕτως οὔτε πρὸς τὰ αἰτούμενα δίδως...⸣

[74] DL 6, 26 ⸢πατῶ τὸν Πλάτωνος τῦφον⸣· τὸν δὲ φάναι, ⸢ἑτέρῳ γε τύφῳ, Διόγενες⸣·

[75] DL 6, 25 ⸢τί,⸣ φησίν, ⸢ὁ σοφὸς εἰς Σικελίαν πλεύσας τῶν τραπεζῶν τούτων χάριν, νῦν παρακειμένων οὐκ ἀπολαύεις;⸣

[76] DL 6, 41 ʿεἰ βούλεσθ᾽ αὐτὸν ἐλεῆσαι, ἀπόστητε,ʾ

[77] DL 6, 40 Ἄνθρωπός ἐστι ζῷον δίπουν ἄπτερον, καὶ εὐδοκιμοῦντος, τίλας ἀλεκτρυόνα εἰσήνεγκεν αὐτὸν εἰς τὴν σχολὴν καί φησιν, ʿοὗτός ἐστιν ὁ Πλάτωνος ἄνθρωπος.ʾ

[78] DL 6, 53 ʿἐγώ,ʾ εἶπεν, ʿὦ Πλάτων, τράπεζαν μὲν καὶ κύαθον ὁρῶ· τραπεζότητα δὲ καὶ κυαθότητα οὐδαμῶς.ʾ

[79] DL 6, 54 ʿΣωκράτης μαινόμενος.ʾ

[80] DL 6, 69 ʿεἴθε ἦν,ʾ ἔλεγε, ʿκαὶ τὴν κοιλίαν παρατριψάμενον τοῦ λιμοῦ παύσασθαι·ʾ

[81] DL 6, 38 Ἀλέξανδρος ἐπιστάς φησιν, ʿαἴτησόν με ὃ θέλεις.ʾ καὶ ὅς, ʿἀποσκότησόν μου,ʾ

[82] DL 6, 29 e 74 ʿἀνδρῶν ἄρχειν.ʾ

[83] DL 6, 74 ʿτούτῳ με πώλει· οὗτος δεσπότου χρῄζει.ʾ

[84] DL 6, 75 τὸν δ᾽ εὐήθεις αὐτοὺς εἰπεῖν· οὐδὲ γὰρ τοὺς λέοντας δούλους εἶναι τῶν τρεφόντων

[85] *Crepúsculo dos Ídolos*, Divagações de um Inatual, § 23.

[86] Cf. nota 112.

[87] *Banquete*, 174 b. Sócrates, encontrando-o pelo caminho, convida Aristodemo para ir à casa de Agatão, que significa em grego: "Bom".

[88] idem, 173e. τοίνυν ...τοιοίδε.

[89] Cf. Ficino, M. *De Amore.*

[90] Cf. Foucault, M. *Histoire de la Sexualité*; etc.

[91] Cf. Ménissier, T. *Eros Philosophe: une interprétation philosophique du Banquet de Platon*, p. 55 ss.

[92] Cf. 174 a.

[93] 176 e. μὴ διὰ μέθης ποιήσασθαι τὴν ἐν τῷ παρόντι συνουσίαν, ἀλλ° οὕτω πίνοντας πρὸς ἡδονήν.

[94] "É inteiramente falso acreditar que Platão tenha querido assim representar diferentes direções falsas: estes são todos *logoi* filosóficos e todos verdadeiros, com a cada vez novos aspectos de uma mesma verdade." Nietzsche, F. *Introdução à leitura dos diálogos de Platão*. Cf. Francalanci, Carla. *Amor, Discurso, Verdade: uma interpretação do Sympósion de Platão*, 2005.

[95] 177 d-e. Οὐδείς σοι, ὦ Ἐρυξίμαχε, φάναι τὸν Σωκράτη, ἐναντία ψηφιεῖται. οὔτε γὰρ ἄν που ἐγὼ ἀποφήσαιμι, ὃς οὐδέν φημι ἄλλο ἐπίστασθαι ἢ τὰ ἐρωτικά, οὔτε που

᾿Αγάθων καὶ Παυσανίας, οὐδὲ μὴν᾿ Αριστοφάνης, ᾧ περὶ Διόνυσον καὶ᾿ Αφροδίτην πᾶσα ἡ διατριβή, οὐδὲ ἄλλος οὐδεὶς τουτωνὶ ὧν ἐγὼ ὁρῶ. Estamos usando, para as citações do *Banquete*, a tradução de José Cavalcante de Souza, com eventuais modificações.

96 Cf. Michel Foucault, "Une rélation problématique", in: *Histoire de la sexualité 2* — L'usage des Plaisirs.

97 Para um estudo detalhado dos demais aspectos do discurso de Fedro no *Banquete*, cf. Franco, Irley. *O Sopro do Amor*: um comentário ao discurso de Fedro no *Banquete* de Platão, 2006.

98 179 a.

99 178 d.

100 179 d.

101 180 b. ἀλλὰ γὰρ τῷ ὄντι μάλιστα μὲν ταύτην τὴν ἀρετὴν οἱ θεοὶ τιμῶσιν τὴν περὶ τὸν ἔρωτα, μᾶλλον μέντοι θαυμά ζουσιν καὶ ἄγανται καὶ εὖ ποιοῦσιν ὅταν ὁ ἐρώμενος τὸν ἐραστὴν ἀγαπᾷ, ἢ ὅταν ὁ ἐραστὴς τὰ παιδικά.

102 DK 28 B 12, B 13, B 16, B 17, B 18, B 19, B 20. Martin Henn, em sua tradução versificada, agrupa-os numa ordem de modo a conferir-lhes este estatuto de tratado erótico. Cf. *Parmenides of Elea: A Verse translation with interpretative Essays and Commentary to the Text.* 2003

103 πρώτιστον μὲν ἔρωτα θεῶν μητίσατο πάντων DK 28 B 13.

104 DK 28 B 20 αὐτὰρ ὑπ´ αὐτήν ἐστιν ἀταρπιτὸς ὀκρυόεσσα, κοίλη, πηλώδης· ἡ δ´ ἡγήσασθαι ἀρίστη ἄλσος ἐς ἱμερόεν πολυτιμήτου ἀφροδίτης. Hipólito, nas *Refutações a Todas as Heresias*, atribui estes versos ao "poeta", simplesmente. O contexto trata dos mistérios eleusinos, citando as deusas Perséfone e Afrodite. "O poeta" pode ser Parmênides ou Empédocles ou mesmo Orfeu; por isso Diels o considera uma citação duvidosa. Cf. DK 31 B 66.

105 180d πάντες γὰρ ἴσμεν ὅτι οὐκ ἔστιν ἄνευ ῎Ερωτος ᾿Αφροδίτη.

106 Pausânias dá o exemplo histórico dos tiranos Hípias e Hiparco, derrubados pelos amantes de Aristogiton e Harmódio. Mas o exemplo não é entre os bárbaros, mas da política ateniense: os tiranos são os filhos de Pisístrato.

[107] Hesíodo, *Teogonia*, 188-206.

[108] Homero, *Ilíada*, V, 370.

[109] 181 b-c ὅθεν δὴ συμβαίνει αὐτοῖς ὅτι ἂν τύχωσι τοῦτο πράττειν, ὁμοίως μὲν ἀγαθόν, ὁμοίως δὲ τοὐναντίον.

[110] 181 b οὐχ ἧττον γυναικῶν ἢ παίδων.

[111] Píndaro, *Pítia*, 2, 72. γένοι', οἷος ἐσσὶ μαθών.

[112] 185 b οὕτω πᾶν πάντως γε καλὸν ἀρετῆς γ' ἕνεκα χαρίζεσθαι.

[113] A história da recepção platonista dos textos de Platão é, sem dúvidas, um canteiro onde brotam as florescências mais extraordinárias. Um exemplo delicioso é o da interpretação que Marsílio Ficino faz deste discurso de Pausânias, pela qual, com a pressão do tempo e a ajuda de Plotino, da Patrística e de uma retórica retorcida, a deontologia pederástica é convertida em um tratado de teologia cristã! Afrodite ou Vênus é lida como a Mente criativa divina. Vênus vulgar é a Mente que, para engendrar, incute forma na matéria (a mãe — mater / matéria). Vênus celeste é a Mente divina que cria no espírito (pai) as coisas espirituais. Se esta é superior àquela, ambas lhe são elogiáveis. "*Quid igitur in amore Pausanias improbat*?" "O que Pausânias condenaria no amor?", pergunta Ficino, nesta inversão renascentista, e responde: "*Dicam equidemm. Si quis generationis avidior contemplationem deserat aut generationem preter modum cum feminis vel contra nature ordinem cum masculis prosequatur...*" "Pois vou dizer: se alguém mais ávido por geração do que por contemplação busca a geração com mulheres de modo anormal ou com homens, contra a natureza..."!

[114] O tratamento do soluço de Aristófanes e alguns preceitos empiristas são traços da escola hipocrática de Cós, mas efetivamente a maior parte do discurso tem ressonância na medicina pitagórica.

[115] 186 d-e. Quase repetindo o pitagórico Alcmeon de Crotona: "É o equilíbrio (*isonomia*) das potências, como o úmido e o seco, o frio e o quente, o amargo e o doce etc. que produz e conserva a boa saúde. [...] ela é a mistura (*krasis*) harmoniosa das qualidades." frag. DK B 4

[116] DK 22 B 51. οὐ ξυνιᾶσιν ὅκως διαφερόμενον ἑωυτῶι ὁμολογέει· παλίντροπος ἁρμονίη ὅκωσπερ τόξου καὶ λύρης.

[117] Hesíodo, *Teogonia*, 77.

[118] Femina virque simul Veneris cum germina miscent, / venis informans diverso ex sanguine virtus / temperiem servans bene condita corpora fingit. / Nam si virtutes permixto semine pugnent / nec faciant unam permixto in corpore, dirae / nascentem gemino vexabunt semine sexum.

[119] Cf. Heráclito, frag. DK 22 B 48.

[120] 464 b-465 b.

[121] *História da Sexualidade*, pp. 16-7, 217, 277.

[122] 189 d. ὑμᾶς μαθεῖν τὴν ἀνθρωπίνην φύσιν καὶ τὰ παθήματα αὐτῆς.

[123] 192 e. τοῦ ὅλου οὖν τῇ ἐπιθυμίᾳ καὶ διώξει ἔρως ὄνομα.

[124] 192 a. φασὶ δὲ δή τινες αὐτοὺς ἀναισχύντους εἶναι, ψευδόμενοι... μέγα δὲ τεκμήριον· καὶ γὰρ τελεωθέντες μόνοι ἀποβαίνουσιν εἰς τὰ πολιτικὰ ἄνδρες οἱ τοιοῦτοι.

[125] 195 a. εἷς δὲ τρόπος ὀρθὸς παντὸς ἐπαίνου περὶ παντός, λόγῳ διελθεῖν οἷος οἵων αἴτιος ὢν τυγχάνει περὶ οὗ ἂν ὁ λόγος ᾖ.

[126] 197 d-e. πρᾳότητα μὲν πορίζων, ἀγριότητα δ΄ ἐξορίζων· φιλόδωρος εὐμενείας, ἄδωρος δυσμενείας· ἵλεως ἀγαθός· θεατὸς σοφοῖς, ἀγαστὸς θεοῖς· ζηλωτὸς ἀμοίροις, κτητὸ ς εὐμοίροις· τρυφῆς, ἁβρότητος, χλιδῆς, χαρίτων, ἱμέ ρου, πόθου πατήρ· ἐπιμελὴς ἀγαθῶν, ἀμελὴς κακῶν· ἐν πόνῳ, ἐν φόβῳ, ἐν πόθῳ, ἐν λόγῳ κυβερνήτης, ἐπιβάτης, παραστάτης τε καὶ σωτὴρ ἄριστος, συμπάντων τε θεῶν καὶ ἀνθρώπων κόσμος, ἡγεμὼν κάλλιστος καὶ ἄριστος, ᾧ χρὴ ἕπεσθαι πάντα ἄνδρα ἐφυμνοῦντα καλῶς, ᾠδῆς μετέχοντα ἣν ᾄδει θέλγων πάντων θεῶν τε καὶ ἀνθρώπων νόημα.

[127] 198 c.

[128] 198 c-199 b. ὅρα οὖν, ὦ Φαῖδρε, εἴ τι καὶ τοιούτου λόγου δέῃ, περὶ Ἔρωτος τἀληθῆ λεγόμενα ἀκούειν, ὀνομάσει δὲ καὶ θέσει ῥημάτων τοιαύτῃ ὁποία δἄν τις τύχῃ ἐπελθοῦσα.

[129] Cf. 201 d.

[130] Esta é a segunda referência à cidade de Mantinéia. As alusões de Platão costumam ser significativas: a festa de Agatão é datada

pelo concurso que ele venceu, em 416 a.C., quando os peloponésios guerrearam devastadoramente em torno de Mantinéia.

131 Perfazendo o chamado "efeito de abismo" literário, em que, como num jogo de espelhamento, Platão fala por Sócrates que fala por Diotima...

132 201 e. Πῶς λέγεις, ἔφην, ὦ Διοτίμα; αἰσχρὸς ἄρα ὁ Ἔρως ἐστὶ καὶ κακός; Καὶ ἥ, Οὐκ εὐφημήσεις; ἔφη· ἢ οἴει, ὅτι ἂν μὴ καλὸν ᾖ, ἀναγκαῖον αὐτὸ εἶναι αἰσχρόν;

133 203 b-e ὅτε γὰρ ἐγένετο ἡ Ἀφροδίτη, ἡστιῶντο οἱ θεοὶ οἵ τε ἄλλοι καὶ ὁ τῆς Μήτιδος ὑὸς Πόρος. ἐπειδὴ δὲ ἐδείπνησαν, προσαιτήσουσα οἷον δὴ εὐωχίας οὔσης ἀφίκετο ἡ Πενία, καὶ ἦν περὶ τὰς θύρας. ὁ οὖν Πόρος μεθυσθεὶς τοῦ νέκταρος - οἶνος γὰρ οὔπω ἦν - εἰς τὸ ν τοῦ Διὸς κῆπον εἰσελθὼν βεβαρημένος ηὗδεν. ἡ οὖν Πενία ἐπιβουλεύουσα διὰ τὴν αὑτῆς ἀπορίαν παιδίον ποιήσασθαι ἐκ τοῦ Πόρου, κατακλίνεταί τε παρ᾽ αὐτῷ καὶ ἐκύησε τὸν Ἔρωτα. διὸ δὴ καὶ τῆς Ἀφροδίτης ἀκό λουθος καὶ θεράπων γέγονεν ὁ Ἔρως, γεννηθεὶς ἐν τοῖς ἐκείνης γενεθλίοις, καὶ ἅμα φύσει ἐραστὴς ὢν περὶ τὸ καλὸν καὶ τῆς Ἀφροδίτης καλῆς οὔσης. ἅτε οὖν Πόρου καὶ Πενίας ὑὸς ὢν ὁ Ἔρως ἐν τοιαύτῃ τύχῃ καθέστηκεν. πρῶτον μὲν πένης ἀεί ἐστι, καὶ πολλοῦ δεῖ ἁπαλός τε καὶ καλός, οἷον οἱ πολλοὶ οἴονται, ἀλλὰ σκληρὸς καὶ αὐχμηρὸς καὶ ἀνυπόδητος καὶ ἄοικος, χαμαιπετὴς ἀεὶ ὢν καὶ ἄστρωτος, ἐπὶ θύραις καὶ ἐν ὁδοῖς ὑπαίθριος κοιμώμενος, τὴν τῆς μητρὸς φύσιν ἔχων, ἀεὶ ἐνδείᾳ σύνοικος. κατὰ δὲ αὖ τὸν πατέρα ἐπίβουλός ἐστι τοῖς καλοῖς καὶ τοῖς ἀγαθοῖς, ἀνδρεῖος ὢν καὶ ἴτης καὶ σύ ντονος, θηρευτὴς δεινός, ἀεί τινας πλέκων μηχανάς, καὶ φρονήσεως ἐπιθυμητὴς καὶ πόριμος, φιλοσοφῶν διὰ παντὸ ς τοῦ βίου, δεινὸς γόης καὶ φαρμακεὺς καὶ σοφιστής· καὶ οὔτε ὡς ἀθάνατος πέφυκεν οὔτε ὡς θνητός, ἀλλὰ τοτὲ μὲν τῆς αὐτῆς ἡμέρας θάλλει τε καὶ ζῇ, ὅταν εὐπορή σῃ, τοτὲ δὲ ἀποθνῄσκει, πάλιν δὲ ἀναβιώσκεται διὰ τὴν τοῦ πατρὸς φύσιν, τὸ δὲ ποριζόμενον ἀεὶ ὑπεκρεῖ, ὥστε οὔτε ἀπορεῖ Ἔρως ποτὲ οὔτε πλουτεῖ, σοφίας τε αὖ καὶ ἀμαθίας ἐν μέσῳ ἐστίν. ἔχει γὰρ ὧδε.

134 Cf. 204 c.

135 206 b. τόκος ἐν καλῷ καὶ κατὰ τὸ σῶμα καὶ κατὰ τὴν ψυχήν.

136 206 d. Μοῖρα οὖν καὶ Εἰλείθυια ἡ Καλλονή ἐστι τῇ γενέσει Aqui o Amor de Diotima ganha um toque de amor edipiano, lembrando Fenareté, a mãe parteira de Sócrates.

137 Cf. 208 d. Codro é um antigo rei de Atenas, que sacrifica-se em uma batalha para salvar sua pátria.

138 209 b-c. τά τε οὖν σώματα τὰ καλὰ μᾶλλον ἢ τὰ αἰσχρὰ ἀσπάζεται ἅτε κυῶν, καὶ ἂν ἐντύχῃ ψυχῇ καλῇ καὶ γενναίᾳ καὶ εὐφυεῖ, πάνυ δὴ ἀσπάζεται τὸ συναμφότερον, καὶ πρὸς τοῦτον τὸν ἄνθρωπον εὐθὺς εὐπορεῖ λόγων περὶ ἀρετῆς καὶ περὶ οἷον χρὴ εἶναι τὸν ἄνδρα τὸν ἀγαθὸν καὶ ἃ ἐπιτηδεύειν, καὶ ἐπιχειρεῖ παιδεύειν.

139 211 c. τοῦτο γὰρ δή ἐστι τὸ ὀρθῶς ἐπὶ τὰ ἐρωτικὰ ἰέναι ἢ ὑπ΄ ἄλλου ἄγεσθαι, ἀρχόμενον ἀπὸ τῶνδε τῶν καλῶν ἐκείνου ἕνεκα τοῦ καλοῦ ἀεὶ ἐπανιέναι, ὥσπερ ἐπαναβασμοῖς χρώμενον, ἀπὸ ἑνὸς ἐπὶ δύο καὶ ἀπὸ δυοῖν ἐπὶ πάντα τὰ καλὰ σώματα, καὶ ἀπὸ τῶν καλῶν σωμάτων ἐπὶ τὰ καλὰ ἐπιτηδεύματα, καὶ ἀπὸ τῶν ἐπιτηδευ-μάτων ἐπὶ τὰ καλὰ μαθήματα, καὶ ἀπὸ τῶν μαθημάτων ἐπ΄ ἐκεῖνο τὸ μάθημα τελευτῆσαι, ὅ ἐστιν οὐκ ἄλλου ἢ αὐτοῦ ἐκείνου τοῦ καλοῦ μάθημα, καὶ γνῷ αὐτὸ τελευτῶν ὃ ἔστι καλόν.

140 210 e-211 b. ὃς γὰρ ἂν μέχρι ἐνταῦθα πρὸς τὰ ἐρωτικὰ παιδαγωγηθῇ, θεώμενος ἐφεξῆς τε καὶ ὀρθῶς τὰ καλά, πρὸς τέλος ἤδη ἰὼν τῶν ἐρωτικῶν ἐξαίφνης κατό ψεταί τι θαυμαστὸν τὴν φύσιν καλόν, τοῦτο ἐκεῖνο, ὦ Σώκρατες, οὗ δὴ ἕνεκεν καὶ οἱ ἔμπροσθεν πάντες πό νοι ἦσαν, πρῶτον μὲν ἀεὶ ὂν καὶ οὔτε γιγνόμενον οὔτε ἀπολλύμενον, οὔτε αὐξανομενον οὔτε φθίνον, ἔπειτα οὐ τῇ μὲν καλόν, τῇ δ΄ αἰσχρόν, οὐδὲ τοτὲ μέν, τοτὲ δὲ οὔ, οὐδὲ πρὸς μὲν τὸ καλόν, πρὸς δὲ τὸ αἰσχρόν, οὐδ΄ ἔνθα μὲν καλόν, ἔνθα δὲ αἰσχρόν, ὡς τισὶ μὲν ὂν καλόν, τισὶ δὲ αἰσχρόν· οὐδ΄ αὖ φαντασθήσεται αὐτῷ τὸ καλὸν οἷον πρόσωπόν τι οὐδὲ χεῖρες οὐδὲ ἄλλο οὐδὲν ὧν σῶμα μετέ χει, οὐδέ τις λόγος οὐδέ τις ἐπιστήμη, οὐδέ που ὂν ἐν

ἑτέρῳ τινι, οἷον ἐν ζώῳ ἢ ἐν γῇ ἢ ἐν οὐρανῷ ἢ ἔν τῳ ἄλλῳ, ἀλλ᾽ αὐτὸ καθ᾽ αὑτὸ μεθ᾽ αὑτοῦ μονοειδὲς ἀεὶ ὄν, τὰ δὲ ἄλλα πάντα καλὰ ἐκείνου μετέχοντα τρόπον τινὰ τοιοῦτον, οἷον γιγνομένων τε τῶν ἄλλων καὶ ἀπολλυμέ νων μηδὲν ἐκεῖνο μήτε τι πλέον μήτε ἔλαττον γίγνεσθαι μηδὲ πάσχειν μηδέν.

141 211 e. αὐτὸ τὸ καλὸν ἰδεῖν εἰλικρινές, καθαρόν, ἄμεικτον, ἀλλὰ μὴ ἀνάπλεων σαρκῶν τε ἀνθρωπίνων καὶ χρωμάτων καὶ ἄλλης πολλῆς φλυαρίας θνητῆς, ἀλλ᾽ αὐτὸ τὸ θεῖον καλὸν δύναιτο μονοειδὲς.

142 Cf. 214 e.

143 213 e. νικῶντα ἐν λόγοις πάντας ἀνθρώπους, οὐ μόνον πρῴην ὥσπερ σύ, ἀλλ᾽ ἀει.

144 *Idem.* Εἶεν δή, ἄνδρες· δοκεῖτε γάρ μοι νήφειν. οὐκ ἐπιτρεπτέον οὖν ὑμῖν, ἀλλὰ ποτέον.

145 214 a. ὁπόσον γὰρ ἂν κελεύῃ τις, τοσοῦτον ἐκπιὼν οὐδὲν μᾶλλον μή ποτε μεθυσθῃ.

146 Cf. 218 a-b.

147 215 e. πολύ μοι μᾶλλον ἢ τῶν κορυβαντιώντων ἥ τε καρδία πηδᾷ καὶ δάκρυα ἐκχεῖται ὑπὸ τῶν λόγων τῶν τούτου [...] 216 a-b. βίᾳ οὖν ὥσπερ ἀπὸ τῶν Σειρήνων ἐπισχόμενος τὰ ὦτα οἴχομαι φεύγων, ἵνα μὴ αὐτοῦ καθήμενος παρὰ τούτῳ καταγηράσω [...] 216 b. ἐγὼ δὲ τοῦτον μόνον αἰσχύνομαι [...] 217 e. τὸ τοῦ δηχθέντος ὑπὸ τοῦ ἔχεως πάθος [...] 218 a. δηχθεὶς ὑπὸ τῶν ἐν φιλοσοφίᾳ λόγων, οἳ ἔχονται ἐχίδνης ἀγριώτερον.

148 218 c-d. Σὺ ἐμοὶ δοκεῖς, ἦν δ᾽ ἐγώ, ἐμοῦ ἐραστὴς ἄξιος γεγονέναι μόνος, καί μοι φαίνῃ ὀκνεῖν μνησθῆναι πρός με. ἐγὼ δὲ οὑτωσὶ ἔχω· πάνυ ἀνόητον ἡγοῦμαι εἶναι σοὶ μὴ οὐ καὶ τοῦτο χαρίζεσθαι καὶ εἴ τι ἄλλο ἢ τῆς οὐσίας τῆς ἐμῆς δέοιο ἢ τῶν φίλων τῶν ἐμῶν. ἐμοὶ μὲν γὰρ οὐδέν ἐστι πρεσβύτερον τοῦ ὡς ὅτι βέλτιστον ἐμὲ γενέσθαι, τούτου δὲ οἶμαί μοι συλλήπτορα οὐδένα κυριώτερον εἶναι σοῦ. ἐγὼ δὴ τοιούτῳ ἀνδρὶ πολὺ μᾶλλον ἂν μὴ χαριζόμενος αἰσχυνοίμην τοὺς φρονίμους, ἢ χαριζόμενος τούς τε πολλοὺς καὶ ἄφρονα.

149 Cf. Vlastos, *Socrates Ironist and Moral Philosopher*, 1991.

150 Os seus contemporâneos usavam para Sócrates o adjetivo "*átopos*", que no linguajar da lógica significa "absurdo", mas literalmente, e atribuído a pessoas, quer dizer "sem lugar", "deslocado".

151 "Para estas oposições, o artista que emparelhou ambos os quadros misturou todas as suas cores; o *Fédon* está resguardado em tons completamente sombrios, o *Banquete* resplandece em luzes coloridas. Mas Sócrates é o vitorioso em ambos, vitorioso sobre os outros, sobre o mundo, porque se venceu a si mesmo, alçado a herói pelo poder da poesia de Platão. Tragédia e comédia são complementares: apenas quando as lemos como tais, atingimos o pleno entendimento, o pleno prazer." Wilamowitz-Moellendorff, *Platon: sein Leben und seine Werke,* 1959, p. 307-308.

152 Lisis, 222 e. εἰ γὰρ μήτε οἱ φιλούμενοι μήτε οἱ φιλοῦντες μήτε οἱ ὅμοιοι μήτε οἱ ἀνόμοιοι μήτε οἱ ἀγαθοὶ μήτε οἱ οἰκεῖοι μήτε τὰ ἄλλα ὅσα διεληλύθαμενοὺ γὰρ ἔγωγε ἔτι μέμνημαι ὑπὸ τοῦ πλήθους-ἀλλ΄ εἰ μηδὲν τούτων φίλον ἐστίν, ἐγὼ μὲν οὐκέτι ἔχω τί λέγω.

153 223 b. Νῦν μέν, ἦν δ΄ ἐγώ, ὦ Λύσι τε καὶ Μενέξενε, καταγέλαστοι γεγόναμεν ἐγώ τε, γέρων ἀνήρ, καὶ ὑμεῖς. ἐροῦσι γὰρ οἵδε ἀπιόντες ὡς οἰόμεθα ἡμεῖς ἀλλήλων φίλοι εἶναι- καὶ ἐμὲ γὰρ ἐν ὑμῖν τίθημι-οὔπω δὲ ὅτι ἔστιν ὁ φίλος οἷοί τε ἐγενόμεθα ἐξευρεῖν.

154 205 a. Οὐχ ὑγιαίνει, ἔφη ὁ Κτήσιππος, ἀλλὰ ληρεῖ τε καὶ μαίνεται.

155 227 c. γέγραφε γὰρ δὴ ὁ Λυσίας πειρώμενόν τινα τῶν καλῶν, οὐχ ὑπ΄ ἐραστοῦ δέ, ἀλλ΄ αὐτὸ δὴ τοῦτο καὶ κεκόμψευται· λέγει γὰρ ὡς χαριστέον μὴ ἐρῶντι μᾶλλον ἢ ἐρῶντι.

156 231 d. καὶ γὰρ αὐτοὶ ὁμολογοῦσι νοσεῖν μᾶλλον ἢ σωφρονεῖν, καὶ εἰδέναι ὅτι κακῶς φρονοῦσιν, ἀλλ΄ οὐ δύνασθαι αὑτῶν κρατεῖν·

157 232 a. τοὺς δὲ μὴ ἐρῶντας, κρείττους αὑτῶν ὄντας, τὸ βέλτιστον ἀντὶ τῆς δόξης τῆς παρὰ τῶν ἀνθρώπων αἱρεῖσθαι.

158 233e — 234 b. ἀλλ΄ ἴσως προσήκει οὐ τοῖς σφόδρα δεομένοις χαρίζεσθαι, ἀλλὰ τοῖς μάλιστα ἀποδοῦναι χά ριν δυναμένοις· οὐδὲ τοῖς προσαιτοῦσι μόνον, ἀλλὰ τοῖς

τοῦ πράγματος ἀξίοις· οὐδὲ ὅσοι τῆς σῆς ὥρας ἀπολαύσονται, ἀλλ᾽ οἵτινες πρεσβυτέρῳ γενομένῳ τῶν σφετέρων ἀγαθῶν μεταδώσουσιν· οὐδὲ οἱ διαπραξάμενοι πρὸς τοὺς ἄλλους φιλοτιμήσονται, ἀλλ᾽ οἵτινες αἰσχυνόμενοι πρὸς ἅπαντας σιωπήσονται· οὐδὲ τοῖς ὀλίγον χρόνον σπουδάζουσιν, ἀλλὰ τοῖς ὁμοίως διὰ παντὸς τοῦ βίου φίλοις ἐσομένοις· οὐδὲ οἵτινες παυόμενοι τῆς ἐπιθυμίας ἔχθρας πρόφασιν ζητήσουσιν, ἀλλ᾽ οἳ παυσαμένου τῆς ὥρας τό τε τὴν αὐτῶν ἀρετὴν ἐπιδείξονται.

159 237 b. Ἦν οὕτω δὴ παῖς, μᾶλλον δὲ μειρακίσκος, μάλα καλός· τούτῳ δὲ ἦσαν ἐρασταὶ πάνυ πολλοί. εἷς δέ τις αὐτῶν αἱμύλος ἦν, ὃς οὐδενὸς ἧττον ἐρῶν ἐπεπείκει τὸν παῖδα ὡς οὐκ ἐρῴη. καί ποτε αὐτὸν αἰτῶν ἔπειθεν τοῦτ᾽ αὐτό, ὡς μὴ ἐρῶντι πρὸ τοῦ ἐρῶντος δέοι χαρίζεσθαι, [...]

160 238 b-c. Assim como Eros de *pteros*, Eros de feroz, são "aparentes etimologias" por pura paronímia. Nesta passagem, as palavras ressoam uma forte aliteração: *erromenos rostheisa, romes, eros*. ἡ γὰρ ἄνευ λόγου δόξης ἐπὶ τὸ ὀρθὸν ὁρμώσης κρατήσασα ἐπιθυμία πρὸς ἡδονὴν ἀχθεῖσα κάλλους, καὶ ὑπὸ αὖ τῶν ἑαυτῆς συγγενῶν ἐπιθυμιῶν ἐπὶ σωμάτων κάλλος ἐρρωμένως ῥωσθεῖσα νικήσασα ἀγωγῇ, ἀπ᾽ αὐτῆς τῆς ῥώμης ἐπωνυμίαν λαβοῦσα, ἔρως ἐκλήθη.

161 242 d-e. Οὔ τι ὑπό γε Λυσίου, οὐδὲ ὑπὸ τοῦ σοῦ λόγου, ὃς διὰ τοῦ ἐμοῦ στόματος καταφαρμακευθέντος ὑπὸ σοῦ ἐλέχθη.

162 244 a. Οὐκ ἔστ᾽ ἔτυμος λόγος ὃς ἂν παρόντος ἐραστοῦ τῷ μὴ ἐρῶντι μᾶλλον φῇ δεῖν χαρίζεσθαι, διότι δὴ ὁ μὲν μαίνεται, ὁ δὲ σωφρονεῖ. εἰ μὲν γὰρ ἦν ἁπλοῦν τὸ μανίαν κακὸν εἶναι, καλῶς ἂν ἐλέγετο· νῦν δὲ τὰ μέγιστα τῶν ἀγαθῶν ἡμῖν γίγνεται διὰ μανίας, θείᾳ μέντοι δόσει διδομένης.

163 Heráclito, DK 22 B 102. τῶι μὲν θεῶι καλὰ πάντα καὶ ἀγαθὰ καὶ δίκαια, ἄνθρωποι δὲ ἃ μὲν ἄδικα ὑπειλήφασιν ἃ δὲ δίκαια.

164 Cf. Karla Martins, *Profetas da Chuva*, 2006.

165 Política, 1342a 7-15. καὶ γὰρ ὑπὸ ταύτης τῆς κινήσεως κατοκώξιμοί τινές εἰσιν, ἐκ τῶν δ᾽ ἱερῶν μελῶν ὁρῶμεν

τούτους, ὅταν ξρήσωνται τοῖς ἐχοργιάζουσι τὴν ψυξὴν μέλεσι, καθισταμένους ὥστερ ἰατρείας τυξόντας καὶ καθάρσεως; ταὐτὸ δὴ τοῦτο ἀναγκαῖον πάσξειν καὶ τοὺς ἐλεήμοντας καὶ τοὺς φοβητικοὺς καὶ τοὺς ὅλως παθητικούς, τοὺς δ' ἄλλους καθ' ὅσον ἐπιβάλλει τῶν τοιούτων ἑκάστω, καὶ πᾶσι γίγνεσθαί τινα κάθαρσιν καὶ κουφίζεσθαι μεθ' ἡδονῆς.

[166] Cf. p. 192-195.

[167] Cf. o diálogo *Íon*, de Platão.

[168] 245 c.

[169] 246 a. ἐοικέτω δὴ συμφύτῳ δυνάμει ὑποπτέρου ζεύγους τε καὶ ἡνιόχου. θεῶν μὲν οὖν ἵπποι τε καὶ ἡνίοχοι πάντες αὐτοί τε ἀγαθοὶ καὶ ἐξ ἀγαθῶν, τὸ δὲ τῶν ἄλλων μέμεικται. καὶ πρῶτον μὲν ἡμῶν ὁ ἄρχων συνωρίδος ἡνιοχεῖ, εἶτα τῶν ἵππων ὁ μὲν αὐτῷ καλός τε καὶ ἀγαθὸς καὶ ἐκ τοιούτων, ὁ δ ἐξ ἐναντίων τε καὶ ἐναντίος.

[170] Sobre o sentido de *paidosporein,* cf. Vlastos, The individual as an object of love in Plato, *Platonic Studies*, 1969, p. 25, n. 76.

[171] 250 e. ὥστ' οὐ σέβεται προσορῶν, ἀλλ' ἡδονῇ παραδοὺς τετράποδος νόμον βαίνειν ἐπιχειρεῖ καὶ παιδοσπορεῖν, καὶ ὕβρει προσομιλῶν οὐ δεδοικεν οὐδ αἰσχύνεται παρὰ φύσιν ἡδονὴν διώκων

[172] 257 a-b. ἀλλὰ τῶν προτέρων τε συγγνώμην / καὶ τῶνδε χάριν ἔχων, / εὐμενὴς καὶ ἵλεως τὴν ἐρωτικήν μοι τέχνην ἣν ἔδωκας μήτε ἀφέλῃ / μήτε πηρώσῃς δι' ὀργήν, / δίδου τ' ἔτι μᾶλλον ἢ νῦν / παρὰ τοῖς καλοῖς τίμιον εἶναι.

[173] Purificações, DK 31 B 146 εἰς δὲ τέλος μάντεις τε καὶ ὑμνοπόλοι καὶ ἰητροί καὶ πρόμοι ἀνθρώποισιν ἐπιχθονίοισι πέλονται, ἔνθεν ἀναβλαστοῦσι θεοὶ τιμῇσι φέριστοι.

[174] J. Eberz, *Über den Philebos des Platons*, Würzburg, 1902, *apud* Diès, p. 333.

[175] Cf. A Diès, *Autour de Platon*, 1972, p. 334: “Os diálogos de Platão são complexos, sua interpretação é delicada e arriscada. Alcançar onde termina o artista, onde começa o polemista; onde termina o drama literário, onde começa o drama vivido; onde termina o retrato, onde começa a máscara; sob a vida, as doutrinas

e os interlocutores de Sócrates, saber em que momento preciso e em que medida Platão combate seus próprios adversários, expõe suas próprias doutrinas, descreve os sonhos ou as realidades de sua própria vida; eis o que seria compreender plenamente os diálogos, e eis o que é difícil."

176 11 b.

177 21 c [...] 21d-e. ἀλλὰ τῶν προτέρων τε συγγνώμην / καὶ τῶνδε χάριν ἔχων, / εὐμενὴς καὶ ἵλεως τὴν ἐρωτικήν μοι τέχνην ἣν ἔδωκας μήτε ἀφέλῃ / μήτε πηρώσῃς δι' ὀργήν, / δίδου τ' ἔτι μᾶλλον ἢ νῦν / παρὰ τοῖς καλοῖς τίμιον εἶναι.

178 26 b [...] 26 d. Οὐκοῦν ἐκ τούτων ὧραί τε καὶ ὅσα καλὰ πάντα ἡμῖν γέγονε, τῶν τε ἀπείρων καὶ τῶν πέρας ἐχόντων συμμειχθέντων; [...] ἓν τοῦτο τιθέντα τὸ τού των ἔκγονον ἅπαν, γένεσιν εἰς οὐσίαν ἐκ τῶν μετὰ τοῦ πέρατος ἀπειργασμένων μέτρων.

179 *Fédon*, 60 b. 'Ὡς ἄτοπον, ἔφη, ὦ ἄνδρες, ἔοικέ τι εἶναι τοῦτο ὃ καλοῦσιν οἱ ἄνθρωποι ἡδύ· ὡς θαυμασίως πέφυκε πρὸς τὸ δοκοῦν ἐναντίον εἶναι, τὸ λυπηρόν, τὸ ἅμα μὲν αὐτὼ μὴ θέλειν παραγίγνεσθαι τῷ ἀνθρώπῳ, ἐὰν δέ τις διώκῃ τὸ ἕτερον καὶ λαμβάνῃ, σχεδόν τι ἀναγκάζεσθαι ἀεὶ λαμβάνειν καὶ τὸ ἕτερον, ὥσπερ ἐκ μιᾶς κορυφῆς ἡμμένω δύ' ὄντε.

180 31d. Λέγω τοίνυν τῆς ἁρμονίας μὲν λυομένης ἡμῖν ἐν τοῖς ζῴοις ἅμα λύσιν τῆς φύσεως καὶ γένεσιν ἀλγηδόνων ἐν τῷ τότε γίγνεσθαι χρόνῳ [...] ἁρμοττομένης τε καὶ εἰς τὴν αὑτῆς φύσιν ἀπιούσης ἡδονὴν γίγνεσθαι λεκτέον.

181 Há, na obra de Platão, vários problemas filosóficos específicos que motivaram acaloradas discussões contemporâneas. O problema da falsidade dos prazeres é um deles. O tema foi reavivado a partir das teorias acerca do prazer desenvolvidas por dois Filósofos do século XX: Gilbert Ryle, que na obra "The Concept of mind", de 1949, apresenta uma concepção do prazer decorrente não apenas da sensação, mas também da atenção (Cf. p.107-110); e Bernard Williams, que em um artigo de 1959, publicado na *Proceedings of Aristotelian Society*, intitulado *Pleasure and belief*, relacionou o prazer à opinião. A evidente influência platôni-

ca nesses trabalhos despertou os exegetas do texto grego, e esta se tornou uma das questões mais discutidas no interior do diálogo *Filebo* nos últimos tempos, ainda que desde a Antiguidade já corresse a polêmica, como o torna evidente a reação de Protarco e como aparecerá no tratado *De Sensu* de Teofrasto. Para uma interessante aproximação do *status quaestionis*, cf. Francisco Bravo, *La critique contemporaine des faux plaisirs dans le Philèbe*, 1995.

182 37a-b. Οὐκοῦν τὸ δοξάζον, ἄντε ὀρθῶς ἄντε μὴ ὀρθῶς δοξάζῃ, τό γε δοξάζειν ὄντως οὐδέποτε ἀπόλλυσιν. [...] Οὐκοῦν καὶ τὸ ἡδόμενον, ἄντε ὀρθῶς ἄντε μὴ ὀρθῶς ἥδηται, τό γε ὄντως ἥδεσθαι δῆλον ὡς οὐδέποτ᾽ ἀπολεῖ.

183 Para uma análise cuidadosa da verdade como correção, a partir da alegoria da caverna, cf. Martin Heidegger, *Platons Lehre Von der Wahrheit*, 1947.

184 Segundo a teoria da mente de Ryle, aludida anteriormente, a memória ativa constitui justamente o componente de atenção necessário à fruição do prazer. Segundo Bernard Williams, acrescentamos a opinião.

185 51 b. Τὰς περί τε τὰ καλὰ λεγόμενα χρώματα καὶ περὶ τὰ σχήματα καὶ τῶν ὀσμῶν τὰς πλείστας καὶ τὰς τῶν φθόγγων καὶ ὅσα τὰς ἐνδείας ἀναισθήτους ἔχοντα καὶ ἀλύπους τὰς πληρώσεις αἰσθητὰς καὶ ἡδείας [καθαρὰς λυπῶν] παραδίδωσιν.

186 52 c. Οὐκοῦν ὅτε μετρίως ἤδη διακεκρίμεθα χωρὶς τάς τε καθαρὰς ἡδονὰς καὶ τὰς σχεδὸν ἀκαθάρτους ὀρθῶς ἂν λεχθείσας, προσθῶμεν τῷ λόγῳ ταῖς μὲν σφοδραῖς ἡδοναῖς ἀμετρίαν, ταῖς δὲ μὴ τοὐναντίον ἐμμετρίαν· καὶ <τὰς> τὸ μέγα καὶ τὸ σφοδρὸν αὖ <δεχομένας>, καὶ πολλάκις καὶ ὀλιγάκις γιγνομένας τοιαύτας, τῆς τοῦ ἀπείρου γε ἐκείνου καὶ ἧττον καὶ μᾶλλον διά τε σώματος καὶ ψυχῆς φερομένου [προσ]θῶμεν αὐτὰς εἶναι γένους, τὰς δὲ μὴ τῶν ἐμμέτρων.

187 Que trataremos nos capítulos VI e VII.

188 59 c. τό τε βέβαιον καὶ τὸ καθαρὸν καὶ ἀληθὲς καὶ ὃ δὴ λέγομεν εἰλικρινές, περὶ τὰ ἀεὶ κατὰ τὰ αὐτὰ ὡσαύτως ἀμεικτότατα ἔχοντα, ἢ [δεύτερος] ἐκείνων ὅτι μάλιστά

ἐστι συγγενές· τὰ δ ἄλλα πάντα δεύτερά τε καὶ ὕστερα λεκτέον.

189 63 e-64 a. ἡδονὰς ἀληθεῖς καὶ καθαρὰς [ἃς] εἶπες, σχεδὸν οἰκείας ἡμῖν νόμιζε, καὶ πρὸς ταύταις τὰς μεθ' ὑγιείας καὶ τοῦ σωφρονεῖν, καὶ δὴ καὶ συμπάσης ἀρετῆς ὁπόσαι καθάπερ θεοῦ ὀπαδοὶ γιγνόμεναι αὐτῇ συνακολουθοῦσι πάντῃ, ταύτας μείγνυ· τὰς δ' ἀεὶ μετ' ἀφροσύνης καὶ τῆς ἄλλης κακίας ἑπομένας πολλή που ἀλογία τῷ νῷ μειγνύναι τὸν βουλόμενον ὅτι καλλίστην ἰδόντα καὶ ἀστασιαστοτάτην μεῖξιν καὶ κρᾶσιν, ἐν ταύτῃ μαθεῖν πειρᾶσθαι τί ποτε ἔν τ' ἀνθρώπῳ καὶ τῷ παντὶ πέφυκεν ἀγαθὸν καὶ τίνα ἰδέαν αὐτὴν εἶναί ποτε μαντευτέον.

190 66 c. '"Εκτῃ δ' ἐν γενεᾷ,' φησὶν' Ορφεύς, 'καταπαύσατε κόσμον ἀοιδῆς·'

191 República, 511 b-c. οὗ νοητοῦ λέγοντά με τοῦτο οὗ αὐτὸς ὁ λόγος ἅπτεται τῇ τοῦ διαλέγεσθαι δυνάμει, [...] αἰσθητῷ παντάπασιν οὐδενὶ προσχρώμενος, ἀλλ' εἴδεσιν αὐτοῖς δι' αὐτῶν εἰς αὐτά, καὶ τελευτᾷ εἰς εἴδη.

192 Como a Academia, o Liceu, paisagens freqüentadas pelos que se entregavam às especulações filosóficas.

193 EN 1172b 9-15. τὸ πάνθ' ... ἐφιέμενα αὐτῆς, καὶ ἔλλογα καὶ ἄλογα, ἐν πᾶσι δ' εἶναι τὸ αἱρετὸν τὸ ἐπιεικές, καὶ τὸ μάλιστα κράτιστον· τὸ δὴ πάντ' ἐπὶ ταὐτὸ φέρεσθαι μηνύειν ὡς πᾶσι τοῦτο ἄριστον ὂν (ἕκαστον γὰρ τὸ αὑτῷ ἀγαθὸν εὑρίσκειν, ὥσπερ καὶ τροφήν), τὸ δὲ πᾶσιν ἀγαθόν, καὶ οὗ πάντ' ἐφίεται, τἀγαθὸν εἶναι.

194 1173a 2-4. εἰ μὲν γὰρ τὰ ἀνόητα ὀρέγεται αὐτῶν, ἦν ἄν τι λεγόμενον, εἰ δὲ καὶ τὰ φρόνιμα, πῶς λέγοιεν ἄν τι;

195 EN 1176b 9-14. καὶ τῶν παιδιῶν δὲ αἱ ἡδεῖαι· οὐ γὰρ δι' ἕτερα αὐτὰς αἱροῦνται· βλάπτονται γὰρ ἀπ' αὐτῶν μᾶλλον ἢ ὠφελοῦνται, ἀμελοῦντες τῶν σωμάτων καὶ τῆς κτήσεως. καταφεύγουσι δ' ἐπὶ τὰς τοιαύτας διαγωγὰς τῶν εὐδαιμονιζομένων οἱ πολλοί, διὸ παρὰ τοῖς τυράννοις εὐδοκιμοῦσιν οἱ ἐν ταῖς τοιαύταις διαγωγαῖς εὐτράπελοι·

196 L. Spengel, *Aristotelische Studien*, I, p. 218, *apud* Gauthier & Jolif.

[197] 1172b 1-5. ὁ γὰρ ψέγων τὴν ἡδονήν, ὀφθείς ποτ᾽ ἐφιέμενος, ἀποκλίνειν δοκεῖ πρὸς αὐτὴν ὡς τοιαύτην οὖσαν ἅπασαν· τὸ διορίζειν γὰρ οὐκ ἔστι τῶν πολλῶν [...] ἐοίκασιν οὖν οἱ ἀληθεῖς τῶν λόγων οὐ μόνον πρὸς τὸ εἰδέναι χρησιμώτατοι εἶναι, ἀλλὰ καὶ πρὸς τὸν βίον.

[198] EN 1173a 6. : os adversários de Eudoxo.

[199] *Filebo* 44b. : os inimigos de Filebo.

[200] EM 1152b — 1153a.

[201] 1173b 29-31. οὐκ ἔστιν ἡσθῆναι τὴν τοῦ δικαίου μὴ ὄντα δίκαιον οὐδὲ τὴν τοῦ μουσικοῦ μὴ ὄντα μουσικόν.

[202] EN 1177a 23-27.

[203] Teríamos ainda uma terceira, na *Grande Ética* (*Magna Moralia*), II, 1204a 19 — 1206a 35, mas não é reputada autêntica.

[204] 1152b 1-3. Περὶ δὲ ἡδονῆς καὶ λύπης θεωρῆσαι τοῦ τὴν πολιτικὴν φιλοσοφοῦντος· οὗτος γὰρ τοῦ τέλους ἀρχιτέκτων, πρὸς ὃ βλέποντες ἕκαστον τὸ μὲν κακὸν τὸ δ᾽ ἀγαθὸν ἁπλῶς λέγομεν.

[205] EN 1153a 14-15. μᾶλλον λεκτέον ἐνέργειαν τῆς κατὰ φύσιν ἕξεως, ἀντὶ δὲ τοῦ αἰσθητὴν ἀνεμπόδιστον.

[206] 1174b 31-33. τελειοῖ δὲ τὴν ἐνέργειαν ἡ ἡδονὴ οὐχ ὡς ἡ ἕξις ἐνυπάρχουσα, ἀλλ᾽ ὡς ἐπιγινόμενόν τι τέλος, οἷον τοῖς ἀκμαίοις ἡ ὥρα.

[207] 1172a 20-23. διὸ παιδεύουσι τοὺς νέους οἰακίζοντες ἡδονῇ καὶ λύπῃ· δοκεῖ δὲ καὶ πρὸς τὴν τοῦ ἤθους ἀρετὴν μέγιστον εἶναι τὸ χαίρειν οἷς δεῖ καὶ μισεῖν ἃ δεῖ Cf. 1104b 8-1105a 16; 1152b 5-6 ; *Retórica* 1378a 19-22. Cf. Suzanne Mansion, *Le plaisir et la peine, matière de l'agir moral selon Aristote*, 1976 (1984).

[208] 1450b 34-1451a 4. ἔτι δ᾽ ἐπεὶ τὸ καλὸν καὶ ζῷον καὶ ἅπαν πρᾶγμα ὃ συνέστηκεν ἔκ τινῶν οὐ μόνον ταῦτα τεταγμένα δεῖ ἔχειν ἀλλὰ καὶ μέγεθος ὑπάρχειν μὴ τὸ τυχόν· τὸ γὰρ καλὸν ἐν μεγέθει καὶ τάξει ἐστίν, διὸ οὔτε πάμμικρον ἄν τι γένοιτο καλὸν ζῷον συγχεῖται γὰρ ἡ θεωρία ἐγγὺς τοῦ ἀναισθήτου χρόνου γινομένη οὔτε παμμέγεθες οὐ γὰρ ἅμα ἡ θεωρία γίνεται ἀλλ᾽ οἴχεται τοῖς θεωροῦσι τὸ ἓν καὶ τὸ ὅλον ἐκ τῆς θεωρίας οἷον εἰ μυρίων σταδίων εἴη ζῷον· ὥστε δεῖ καθάπερ ἐπὶ τῶν

σωμάτων καὶ ἐπὶ τῶν ζῴων ἔχειν μὲν μέγεθος, τοῦτο δὲ εὐσύνοπτον εἶναι.
Há uma precisa interpretação desta passagem, escrita por Fernando Pessoa, nas suas *Obras Estéticas*: "O fim da arte é imitar perfeitamente a Natureza. Este princípio elementar é justo, se não esquecermos que imitar a Natureza não quer dizer copiá-la, mas sim imitar os seus processos. Assim a obra de arte deve ter os característicos de um ser natural, de um animal; deve ser perfeita, como são, e cada vez mais o vemos quanto mais a ciência progride, os seres naturais; isto é, deve conter quanto seja preciso à expressão do que quer exprimir e mais nada, porque cada organismo considerado perfeito deve ter todos os órgãos de que carece, e nenhum que lhe não seja útil." (p. 231)

209 *Poética*, 1448b 4. τό τε γὰρ μιμεῖσθαι σύμφυτον τοῖς ἀνθρώποις ἐκ παίδων ἐστὶ καὶ τούτῳ διαφέρουσι τῶν ἄλλων ζῴων ὅτι μιμητικώτατόν ἐστι καὶ τὰς μαθήσεις ποιεῖται διὰ μιμήσεως τὰς πρώτας, καὶ τὸ χαίρειν τοῖς μιμήμασι πάντας.

210 *Retórica*, 1378a 19-22. ἔστι δὲ τὰ πάθη δι᾽ ὅσα μεταβάλλοντες διαφέρουσι πρὸς τὰς κρίσεις οἷς ἕπεται λύπη καὶ ἡδονή.

211 Cf. 1341b 38.

212 *Política*, 1342a 4 — b 15. ὃ γὰρ περὶ ἐνίας συμβαίνει πάθος ψυξὰς ἰσξυρῶς, τοῦτο ἐν πάσαις ὑπάρξει, τῷ δὲ ἧττον διαφέρει καὶ τῷ μᾶλλον, οἷον ἔλεος καὶ φόβος, ἔτι δ᾽ ἐνθουσιασμός; καὶ γὰρ ὑπὸ ταύτης τῆς κινήσεως κατοκώξιμοί τινές εἰσιν, ἐκ τῶν δ᾽ ἱερῶν μελῶν ὁρῶμεν τούτους, ὅταν ξρήσωνται τοῖς ἐχοργιάζουσι τὴν ψυξὴν μέλεσι, καθισταμένους ὥστερ ἰατρείας τυξόντας καὶ καθάρσεως; ταὐτὸ δὴ τοῦτο ἀναγκαῖον πάσξειν καὶ τοὺς ἐλεήμοντας καὶ τοὺς φοβητικοὺς καὶ τοὺς ὅλως παθητικούς, τοὺς δ᾽ ἄλλους καθ᾽ ὅσον ἐπιβάλλει τῶν τοιούτων ἑκάστω, καὶ πᾶσι γίγνεσθαί τινα κάθαρσιν καὶ κουφίζεσθαι μεθ᾽ ἡδονῆς.

213 1449b 26-27. Ἔστιν οὖν τραγῳδία μίμησις πράξεως σπουδαίας καὶ τελείας, μέγεθος ἐχούσης, ἡδυσμένῳ λόγῳ, χωρὶς ἑκάστου τῶν εἰδῶν ἐν τοῖς μορίοις, δρῶντων

καὶ οὐ δι᾽ ἀπαγγελίας, δι᾽ ἐλέου καὶ φόβου περαίνουσα τὴν τῶν τοιούτων παθημάτων κάθαρσιν.

214 Citemos apenas um exemplo para dimensionar sua penetração. O aspecto catártico da clínica psicanalítica, na teoria de Freud, foi elaborado a partir de um diálogo intenso com um filólogo alemão, chamado Jacob Bernays, que renovara a interpretação tradicional da catarse na *Poética* de Aristóteles em um artigo de 1857, republicado em 1880, "*Zwei Abhandlungen über die aristotelische Theorie des Drama*". Bernays fez aparecer com mais força o caráter corporal e "patológico" das transformações emocionais; fora da discussão moral que considerava, platonicamente digamos, as paixões como vícios a serem corrigidos e transformados em virtudes, ou extirpados, com alívio de seu caráter doloroso. Discussão que ficara em voga no Romantismo alemão, alimentada sobretudo pelas considerações de Lessing sobre a dramaturgia.

215 Carta a Pythoclés, 2, 1.

216 Igreja Católica, do grego *katholiké ekklesia*, significa "assembléia universal"; uma assembléia de um Estado cosmopolita e uma lei moral baseada na natureza universal do homem são idéias eminentemente estóicas.

217 Friedrich Nietzsche, *Sobre verdade e mentira no sentido extramoral*, 1873, p. 52 (trad. R. R. Torres Filho).

218 A doutrina estóica comporta também uma teoria dos incorporais, tais como os enunciados, o vazio, o lugar, o tempo; mas estes sempre têm sentido em função dos corpos, que são as substâncias reais.

219 Cf. DL, 7, 134.

220 Cf. Fílon de Alexandria, *De Aeternitate Mundi*, 23-24.

221 Cf. p. 138 O ciclo do decreto de Adrastéia no diálogo *Fedro*.

222 Cf. p. 37.

223 Hipólito, *Refutatio omnium haeresium* A,21. ὅτι ὥσπερ ὀχήματος ἐὰν ᾖ ἐξηρτημένος κύων, ἐὰν μὲν βούληται ἕπεσθαι, καὶ ἕλκεται καὶ ἕπεται, ποιῶν καὶ τὸ αὐτεξούσιον μετὰ τῆς ἀνάγκης [οἷον τῆς εἱμαρμένης]· ἐὰν δὲ μὴ βούληται ἕπεσθαι, πάντως ἀναγκασθήσεται. τὸ αὐτὸ δήπου καὶ ἐπὶ τῶν ἀνθρώπων· καὶ μὴ βουλόμενοι

γὰρ ἀκολουθεῖν ἀναγκασθήσονται πάντως εἰς τὸ πεπρωμένον εἰσελθεῖν.

224 Cícero, *Academica Priora*, II, XLVII.

225 Dizem que Epicteto formulou um silogismo como este enquanto estava sendo torturado por seu dono, Epaphrodite. Não é sem significado o uso de exemplos que empregam a imagem da mutilação entre os Estóicos. Cf. Fílon, *De Aeternitate Mundi*, 9, 15-16. Mais do que qualquer um, trata-se de um gênero de homem que suporta.

226 Aristón de Chios, por Sêneca, *Ad Lucilium epistulae*, 94, 5 *Si quid oculis oppositum moratur aciem, removendum est. Illo quidem obiecto operam perdidit, qui praecipit: "sic ambulis, illo manum porriges". Eodem modo ubi aliqua res obcaecat animum et ad officiorum dispiciendum ordinem impedit, nihil agit, qui praecipit: "sic vives cum patre, sic cum uxore". Nihil enim proficient praecepta, quandiu menti error obfusus est;*

227 Cícero, *Tusculanae disputationes*, III, 11, 24; IV, 29, 62.

228 Nietzsche, *Vontade de Poder*, § 357. Cf. também Hegel, *Fenomenologia do Espírito*, IV, B: "A obstinação é a liberdade que se apega a uma singularidade e se mantém dentro do âmbito da servidão; o estoicismo porém é a liberdade que imediatamente saindo sempre da servidão retorna à pura universalidade do pensamento." p. 136 (trad. Paulo Meneses).

229 Carta a Meneceu. DL, 10, 122 Μήτε νέος τις ὢν μελλέτω φιλοσοφεῖν, μήτε γέρων ὑπάρχων κοπιάτω φιλοσοφῶν. οὔτε γὰρ ἄωρος οὐδείς ἐστιν οὔτε πάρωρος πρὸς τὸ κατὰ ψυχὴν ὑγιαῖνον.

230 Diógenes de Oenonda, discípulo de Epicuro, fala de um "movimento livre" dos átomos, desconhecido por Demócrito e revelado pelo mestre: "há uma certa liberdade no movimento dos átomos, a qual Demócrito não descobriu, mas Epicuro trouxe à luz, na existência de uma declinação (*parenklitikén*), e que se demonstra a partir dos fenômenos." ἐλευθέραν τινὰ ἐν ταῖς ἀτόμοις κείνησιν εἶναι, ἥ[ν] Δημόκριτος μὲν οὐχ εὗρεν, 'Επίκουρος δὲ εἰς φῶς ἤγαγεν, παρενκλιτικὴν ὑπάρχουσαν, ὡς ἐκ τῶν φαινομένων δείκνυσιν Chilton (1967), frag. 32. Mas, sem dúvida, é a Lucrécio que devemos a compreensão

que hoje temos da teoria do movimento declinante dos átomos. Cf. *De Rerum Natura*, II, 216-293.

[231] G. Deleuze, *Lucrèce et le simulacre* (1961), p. 22.

[232] Sobre o sentido grego e filosófico de *phármakon*, cf. Derrida, *La pharmacie de Platon*, 1972.

[233] Op. cit., DL, 10, 133.᾿Επεὶ τίνα νομίζεις εἶναι κρείττονα τοῦ καὶ περὶ θεῶν ὅσια δοξάζοντος καὶ περὶ θανάτου διὰ παντὸς ἀφόβως ἔχοντος καὶ τὸ τῆς φύσεως ἐπιλελογισμένου τέλος καὶ τὸ μὲν τῶν ἀγαθῶν πέρας ὡς ἔστιν εὐσυμπλήρωτόν τε καὶ εὐπόριστον διαλαμβάνοντος, τὸ δὲ τῶν κακῶν ὡς ἢ χρόνους ἢ πόνους ἔχει βραχεῖς;

[234] Paulo, Iª Epístola aos Coríntios.

[235] Op. cit. DL, 10, 135 ζήσῃ δὲ ὡς θεὸς ἐν ἀνθρώποις. οὐθὲν γὰρ ἔοικε θνητῷ ζῴῳ ζῶν ἄνθρωπος ἐν ἀθανάτοις ἀγαθοῖς.

[236] DL, 10, 1.

[237] Cf. Usener, p. 551 λάθε βιώσας.

Bibliografia

BIBLIOGRAFIA PRIMÁRIA:

LÍRICOS

ARQUÍLOCO. Fragments. (Ed. F. Lasserre, A. Bonnard) Paris: 4 Belles Lettres, 1958.

SAFO DE LESBOS [Poemas] (Trad. Pedro Alvim). São Paulo: Ars Poetica, 1992.

Poemas e Fragmentos. (Trad. J. B. Fontes). São Paulo: Editora Iluminuras, 2003.

Alcée. Sapho. (Ed. T. Reinach, A. Puech). Paris: Belles Lettres, 1989.

PRÉ-SOCRÁTICOS

CAVALCANTE DE SOUZA, José, Os Pré-Socráticos, São Paulo: Abril, 1973 (Coleção Os Pensadores).

CARNEIRO LEÃO, E. e WRUBLEWSKI, S., Os Pensadores Originários. Petrópolis: Vozes, 1991.
DIELS, H. e KRANZ, W., Die Fragmente der Vorsokratiker. Zürich: Weidmann, 1996.
EMPÉDOCLES. Les Purifications. (Ed. J. Bollack) Paris: Éditions du Seuil, 2003.
HERÁCLITO, Fragmentos-origem do pensamento. (Ed. E. Carneiro Leão) Rio de Janeiro: Tempo Brasileiro, 1980.
LAÉRCIO, Diógenes. Vitae Philosophorum. (Ed. H. S. Long) Oxford, 1964 (2 vol.).
Vidas e doutrinas dos filósofos ilustres. (Ed. M.G. Koury) Brasília, Editora UnB, 1988.
PARMÊNIDES. (Ed. F. Santoro) Rio de Janeiro: Ousia, 2006.

SÓCRATES e PLATÃO

ARISTÓFANES, Aristophanis Comoediae (Ed. Hall, F.W. & Geldart, W.M.) Oxford, 1906.
As nuvens, in Sócrates, São Paulo: Abril, 1973 (Trad. Gilda M. Reale Starzynski).
As nuvens, Rio de Janeiro, Zahar, 2ª ed. , 2000 (Trad. M. G. Kury).
BURNET, J. Platonis Opera, Oxford, 1900.
PLATÃO, Diálogos: O Banquete (Ed. J. C. de Souza), Fédon, Sofista, Político (Ed. J. Paleikat e J. C. Costa), São Paulo: Abril, 1972 (Coleção Os Pensadores).
Banquete. (Ed. C. A. Nunes) Belém: Ed. UFPA, 1974.
Oeuvres complètes. (Ed. E. Chambry) Paris: Libraire Garnier Frères, 1950.
Oeuvres complètes. Paris: Gallimard, 1950 (Trad. Léon Robin).

Diálogos: Parmênides, Filebo. Belém: Universidade Federal do Pará, 1974. (Trad. Carlos Alberto Nunes).
Diálogos Protágoras, Górgias, Fedão. Belém: Universidade Federal do Pará, 2002 (Trad. Carlos Alberto Nunes).
Diálogos. Buenos Aires: Argonauta, 1946 (Trad. P. Azcarate).
A República. São Paulo, Martins Fontes, 2006 (Trad. A. L. Almeida Prado).
Phèdre. Paris: Flamarion, 1995 (Trad. Luc Brisson).
XENOFONTE, Apologia de Sócrates in : Sócrates. São Paulo: Abril, 1973 (Coleção Os Pensadores) (Trad. L. Rangel).

ARISTÓTELES

BEKKER, Immanuel. Aristotelis Opera, Acad. Regia Borussica, reed. O. Gigon, Bruxelles, W. De Gruyter, 1961, V vol. cum Index Aristotelicus, Hermann Bonitz.
ARISTÓTELES, Da Alma. (Ed. C.H. Gomes) Lisboa, Ed. 70, 2001.
On the Soul. Parva Naturalia. On breath. (Ed. W.S.Hett) Cambridge: Harvard Univ. Press, 1986.
De Anima (Ed. David Ross), Oxford, 1961.
Aristotelis Ethica Nicomachea, (Ed. Bywater) Oxford Classical Texts, 1970.
Ética a Nicômacos. (Ed. M.G.Kury) Brasília: Ed. UNB, 1999.
Nicomachean Ethics. (Ed. H. Rackham) Cambridge: Harvard Univ. Press, 1994.
Poética de Aristóteles. (Ed. V. G. Yebra) Madrid, Gredos, 1988.
Poética. (Ed. E. Souza) São Paulo: Abril, 1973 (Coleção Os Pensadores).

De arte poetica líber. (Ed. Vahlen) Leipzig 1885, Hildesheim, 1964.
De arte poetica liber. (Ed. Bywater) Oxford 1911 (ed. 1 = 1897).
La Poétique (Ed. R. Dupont-Roc e J. Lallot). Paris: Éditions du Seuil,1980.

ESTÓICOS

BREHIER, H. Les Stoïciens. Paris: Gallimard, 1961-2. (Tomo I).
CICERO, Tusculanae disputationes. (Ed. Pohlenz) Lepzig: Teubner, 1912.
FÍLON. De Aeternitate Mundi (Ed. Leopold Cohn e Siegfried Reiter, in Oeuvres, ed. L. Cohn e Paul Wendland, vol. VI) Berlin, 1915.
EPICTETO. Manuel d'Epictete. Paris: Flammarion, 1984.
HIPÓLITO, Refutatio omnium haeresium. (Ed. Paul Wendland, in Griech. Christl. Schriftsteller, vol. 26) Leipzig, 1916.
MARCO AURÉLIO. Pensées pour moi même. Paris: Flammarion, 1984.
SEXTO EMPIRICO. Adversus Mathematicos. Paris: Seuil, 2002.

EPICURO

EPICURO. Lettres et Maximes (Ed. M. Conche), Paris, PUF, 1987, 5 ed. 1999.
________. Antologia de Textos. São Paulo: Abril, 1973 (Coleção Os pensadores) (Trad. A. da Silva).
BOLLACK, J. e LAKS, A. Epicure à Pythoclès. Lille: Publications de l'Université de Lille III, 1978.

CHILTON, C.W. Diogenes oenandensis fragmenta, Leipzig, 1967.

LUCRECIO, De Rerum Natura. (Ed. Bailey) Oxford, 1947 Da Natureza. São Paulo: Abril, 1973 (Coleção Os pensadores) (Trad. A. da Silva).

USENER, H. Glossarium Epicureum. (E. M. Gigante e W. Schmid), Roma, Ateneo, 1977.

BIBLIOGRAFIA SECUNDÁRIA:

ANNAS, J. The morality of happiness. Oxford: University Press, 1993.

ARNOULD, D. Le rire et les larmes dans la littérature grecque d'Homère à Platon. Paris, Belles Lettres, 1990.

AUBENQUE, P. La Prudence chez Aristote. Paris: Presses Universitaires de France,1997.

BACON, Francis. A sabedoria dos antigos. São Paulo: UNESP, 2002 (Trad. G. C. C. de Souza).

BERTI, Enrico, Il metodo della filosofia pratica secondo Aristotele, in: Studi sull'Etica di Aristotele (Ed. A. Alberti). Nápoles, Bibliopolis, 1990.

As razões de Aristóteles. (Ed. D. Macedo) São Paulo: Loyola, 1998.

BARNES, J. SCHOFIELD, M. SORABI, R. Articles on Aristotle. 4. Psychology and Aesthetics. Londres: Duckworth, 1979.

BARROS, Gilda M. Sólon de Atenas: a cidadania antiga. São Paulo: Humanitas, 1999.

BARTHES, Roland. Histoire des Spectacles. Paris: Gallimard, 1965.

BILLOT, M-F. "Antisthène et le Cynosarges dans L'Athènes des Ve et IVe Siècles" in Le Cynisme Ancien et ses Prolongements. Actes du Colloque International du CNRS

(Paris, 1991) (Ed. M-O Goulet-Cazé e R. Goulet) Paris: Presses Universitaires de France, 1993.

BOUVIER, David. Platon et les Poètes Comiques: peut-on rire de la mort de Socrate?, in: Desclos, M. L. Le Rire des Grecs. Anthropologie du rire em Grèce Ancienne. Grenoble: Millon, 2000.

BOLLACK, J. e LAKS, A. Études sur l'Epicurisme Antique. Lille: Publications de l'Université de Lille III, 1976.

BRANCACCI, A. "Érotique et Théorie du Plaisir chez Antisthène". in: Le Cynisme Ancien et ses Prolongements. Actes du Colloque International du CNRS (Paris, 1991) (Ed. M-O Goulet-Cazé e R. Goulet) Paris: Presses Universitaires de France, 1993.

BRAVO, F. "La Critique Contemporaine des Faux Plaisirs dans le Philèbe", in Contre Platon, M. Dixsaut (org.). Paris: Vrin, 1995.

BREHIER, H. Les Stoïciens. Paris: Gallimard, 1961-2 (Tomo 2).

BROADIE, S. Ethics with Aristotle. Oxford University Press, 1991.

CORNFORD, F. M. "The Doctrine of Eros in Plato's Symposium", in: Vlastos, G., Plato II: a collection of critical essays. Indiana, U. of Notre Dame Press, 1978

Principium Sapientiae - As origens do pensamento filosófico grego. (Ed. M. M. R. dos Santos) Lisboa: F.C.G., 1981.

CASERTANO, Giovanni, Il piacere, l'amore e la morte nelle dottrine dei presocratici. I. Il piacere e il desiderio. Nápoles, Loffredo, 1983.

La Struttura del Dialogo Platonico (Org.) Nápoles, Loffredo, 2000.

COLLI, Giorgio. O Nascimento da Filosofia. (Ed. F. Carotti) Campinas: Ed. Unicamp, 1992.

La Sapienza Greca. Milano: Adelphi, 1974.

COSSUTA F. & NARCY M. La forme dialogue chez Platon. Grenoble, J. Millon, 2001.

CRUBELLIER, M. e PELLEGRIN, P. Aristote, Le Philosophe et les Savoirs. Paris: Éditions du Seuil, 2002.

DELEUZE, Gilles. Lucrèce et le simulacre, 1961.

Logique du sens. Paris: Les éditions de Minuit, 1969.

DERRIDA, J. La pharmacie de Platon. Paris: Flamarion, 1995.

DESCLOS, Marie-Laurence. Le Rire des Grecs. Anthropologie du rire em Grèce Ancienne. Grenoble, Millon, 2000.

DESTRÉE, Pierre [et al.]. La Poétique d´Aristote: Lectures morales et politiques de la tragédie. Paris: Puf, 2003. [Les études philosophiques].

DILLON, J. "Speusippe et le plaisir", in La fêlure du plaisir. Études sur le Philèbe de Platon (Ed. Dixsaut, M). Paris: Vrin, 1999.

DIXSAUT, Monique, La fêlure du plaisir. Études sur le Philèbe de Platon. Paris: Vrin, 1999.

Contre Platon. Le Platonisme Renversé. Paris: Vrin, 1995.

DODDS, E. R. "Plato and the irractional soul", in Vlastos, G.: Plato II: a collection of critical essays. Indiana: Notre Dame, 1978.

ELORDUY, E. e ALONSO, J. P. El Estoicismo. Madri: Gredos, 1972 (2 tomos).

FESTUGIÈRE, A. J., Epicuro y sus dioses, Buenos Aires: Eudeba, 1960.

FICIN, Marsile. Commentaire sur le Banquet de Platon. (De Amore) Paris: Les Belles Lettres, 1956.

FRANCALANCI, Carla, Amor, Discurso, Verdade: uma interpretação do Sympósion de Platão. Vitória: Edufes, 2005.

FRANCO, Irley. O Sopro do Amor: um comentário ao discurso de Fedro no Banquete de Platão. Rio de Janeiro: Palimpsesto, 2006.

FORTENBAUGH, W. W. Aristotle's Rhetoric on Emotions, Articles on Aristotle 4: Psychology and Aesthetics (Ed. J. Barnes, M. Schofield, R. Sorabji). Londres, 1979.

FOUCAULT, Michel. Histoire de la sexualité 2 – L'Usage des plaisirs. Paris: Gallimard, 1984.

História da sexualidade 2 – O Uso dos prazeres. Rio de Janeiro: Graal, 1984.

Dits et Écrits III, IV. Paris: Gallimard, 1994.

"O combate pela Castidade", in Áries, P. & Béjin, A., Sexualidades Ocidentais. Lisboa: Contexto, 1983.

GOULET-CAZÉ, M. O. e GOULET, R. Le Cynisme Ancien et ses Prolongements. Actes du Colloque International du CNRS (Paris, 1991). Paris: Presses Universitaires de France, 1993.

GUIDELLI. Chiara. "Salire verso il bello: sul Simposio di Platone", in Rivista di Estetica, n° 47, 94/95, ano XXXIV, XXXV.

GUILLEBAUD, J.-C. La Tyrannie du Plaisir. Paris: Éditions du Seuil, 1998.

GUTHRIE, W. K. C. "Platos´s views on the nature of the soul", in Vlastos, G., Plato II: Plato II: a collection of critical essays. Indiana: Notre Dame, 1978.

Orpheus and Greek Religion. Londres: Methuen, 1952.

HARDIE, W. F. R.: Aristotle's ethical theory, Oxford, 1968.

HEGEL, G. W. F. Phänomenologie des Geistes. Frankfurt: Suhrkamp, 1986.

Fenomenologia do espírito. Petrópolis: Vozes, 1992.

HEIDEGGER, M. Platons Lehre von der Wahrheit. Berna: Francke Verlag, 1954.

HERSANT, Yves. Hippocrate sur le rire et la folie: Saint-Germain: Rivages, 1989.

HESÍODO. Teogonia. A Origem dos Deuses. São Paulo: Iluminuras, 1992. (Trad. Jaa Torrano)

Teogonia. Niterói: Editora da Universidade Federal Fluminense, 1996. (Trad. A. L. Silveira Cerqueira e M. T. Arêas Lyra)

IOPPOLO, A. M. Aristone di Chio e lo stoicismo antico. Nápoles: Bibliopolis, 1980.

KANT, Immanuel. Anthropologie in pragmatischer Hinsicht. (Ed. W. Weischedel) Darmstadt: Wissenschaftlische Buchgeselschaft, 1964. Werke in 10 Bänden, B. 9.

KENNY, A. The aristotelian ethics, Oxford, Clarendon Press, 1978.

Aristotle on the perfect life. Oxford, Clarendon Press, 1992.

KERENYI, Carl. Dioniso: imagem arquetípica da vida indestrutível. São Paulo: Odysseus, 2002. (Trad. O. T. Serra)

KRAUT, R.: Aristotle on the human good, Princeton, 1989.

LAÊRTIOS, D. Vidas e doutrinas dos filósofos ilustres. Brasília, Editora UnB, 1988 (Ed. M.G. Koury).

Vie, Doctrines et Sentences des Philosophes Illustres. Paris: Garnier, 1965.

LEFEBVRE, R. Métaphysique, L 7, Aristote. Paris: Ellipses, 1999.

MANSION, S. "Le Plaisir et la Peine, Matière de l'agir Moral selon Aristote", in Études Aristotéliciennes, Suzanne Mansion (org.). Louvain: Institut Supérieur de Philosophie, 1984.

MARKUS, R. A. "The dialectic of Eros in Plato´s Symposium", in Vlastos, G., Plato II: a collection of critical essays. Indiana: Notre dame, 1978.

MARTINO, F. e VOX, O. Lirica Greca tomo primo: prontuari e lirica dorica, tomo secondo: lirica ionica. Bari: Levante, 1996.

MARX, Karl. Diferencias de la filosofía de la naturaleza de Demócrito y Epicuro. Madrid: Ayuso, 1971.

MÉNISSIER, Thierry. Eros Philosophe: une interprétation philosophique du Banquet de Platon. Paris: Kimé, 1996.

MORANA, C. "L'Éthique Stoïcienne des Sentiments: Amor, Amicitia et Φιλανθροπία", in Les Études Philosophiques, n° 1, 1999.

NARCY, Michel. "Le Comique, l'Ironie, Socrate", in Desclos, M. L. Le Rire des Grecs. Anthropologie du rire em Grèce Ancienne. Grenoble: Millon, 2000.

NIETZSCHE, F. Crepúsculo dos Ídolos. Lisboa: Ed. 70, 1985. (Trad. A. Mourão)

Obras incompletas. São Paulo, Abril, 1978. (Coleção Os Pensadores)

Werke, München: Deutscher Taschenbuch, 1988.

Der Wille zur Macht. Sttutgart: Kröner, 1964.

ORTEGA y GASSET, José. El sentimiento estético de la vida (Antologia). Madrid: Editorial Tecnos, 1995.

PAILLIER, M. La Katharsis chez Aristote. Paris: L'Harmattan, 2004.

PESSOA, Fernando. Obra Poética. Rio de Janeiro: N. Aguilar, 1986.

PIERI, Stefania N. "Le dialogue platonicien comme forme de pensée ironique" in Cossuta F. & Narcy M. La forme dialogue chez Platon. Grenoble: Millon, 2001.

"Rire et réfutation", in Desclos, M. L. Le Rire des Grecs. Anthropologie du rire en Grèce Ancienne. Grenoble, Millon, 2000.

PHILIP, A. "Les Moments des Discours dans le Phèdre, Étude des Notations Temporelles d'un Dialogue" , in Les Études Philosophiques, n° 1, 1999.

RAGUSA, Giuliana. Fragmentos de uma Deusa. Campinas: Editora Unicamp, 2005.

RICCIO, R. "Per un'analisi del Simposio platonico e del Convito o ver' dialogo d'amore di M. Ficino", in Rivista di Estetica, n° 47, 94/95, ano XXXIV, XXXV.

RYLE, G. The Concept of Mind. Londres: Hutchinson's University Library, 1950.

SALLES, Catherine. Les Bas-Fonds dans l'Antiquité, Paris, Payot, 1995.

SANTORO MOREIRA, Fernando J. "Filosofia da Decomposição", in Poesia (e) Filosofia, Rio de Janeiro: Sette Letras, 1998.

SEDLEY, David. "L'ironie dans le dialogue platonicien selon les commentateurs anciens", in Cossuta F. & Narcy M. La forme dialogue chez Platon. Grenoble : Millon, 2001.

SÊNECA. Da Vida Feliz. São Paulo: Martins Fontes, 2001.

L'Ozio e la Serenitá. Roma: Tascabili Economici Newton, 1994.

SERGENT, B. Homosexualité et initiation chez les Peuples Indo-européens. Paris: Payot & Rivages, 1996.

SOUZA, Eudoro. Dioniso em Creta e outros ensaios. Lisboa: Casa da Moeda, 2004.

Origem da poesia e da mitologia e outros ensaios dispersos. Lisboa: Casa da Moeda, 2000.

Mitologia. Brasília, Ed UnB, 1980.

TEOFRASTO. De Sensibus. (Ed. Hermann Diels, in Doxographi Graeci) Berlin, 1958.

TOMÁS, Lia. Ouvir o lógos: música e filosofia. São Paulo: UNESP, 2002.

VLASTOS, Gregory. Socrates Ironist and Moral Philosopher. New York: Cornell U. P., 1991.

Plato II: a collection of critical essays. Indiana: U. of Notre Dame Press, 1978.

Platonic Studies. Princeton: University Press, 1981.

WILAMOWITZ MOELLENDORFF, U. Platon. Berlim: Weidmannsche, 1959.

Platon. (Crítica do texto) Zurich: Weidmann, 1992.

WILLIAMS, Bernard, Pleasure and belief. Proceedings of Aristotelian Society, 1959.

Siglas

DK: DIELS, Hermann & KRANZ, Walther. *Die Fragmente der Vorsokratiker*. 5ª ed., 1951.
DL: *Diógenes Laertius Vitae Philosophorum*
EN: *Aristotelis Ethica Nicomachea*

Notações

Para as obras de Platão, usamos a notação clássica da edição in folio de Henry Estienne (que assinava H. Stephanus), de 1578, com seus números de páginas e letras de "a" a "e". Não indicamos o nome do Diálogo na referência, quando este já estava evidente no contexto.

Para as obras de Aristóteles, usamos a notação de páginas, colunas e linhas da edição de Immanuel Bekker, de 1831.

Para os filósofos coligidos por Diels & Kranz (DK), usamos a notação da quinta edição, de 1951, com o capítulo, a seção e o número do fragmento. Às vezes, por comodidade, aparece apenas a seção e o fragmento. Quando não citamos a seção, está subentendida que é a B.

Usamos maiúsculas para os nomes que designam escolas filosóficas, como os Cínicos.

Na transliteração optei pela grafia da gramática portuguesa, inclusive na acentuação.

Traduções utilizadas

As traduções utilizadas nos textos gregos ou são originalmente nossas ou são as traduções das edições mais correntes ou melhor reputadas em língua portuguesa, com eventuais correções. Não consideramos necessário nem conveniente indicar as inúmeras alterações, que obviamente são de nossa inteira responsabilidade. Abaixo, indicamos as principais traduções usadas para as citações ao longo desse estudo:

Para os Pré-Socráticos em geral, exceto Parmênides e Heráclito, a base das citações são as traduções de José Cavalcante de Sousa, Os Pré-Socráticos, 1973 (Coleção Os Pensadores vol. I)

As traduções de Heráclito ou são nossas ou de Emmanuel Carneiro Leão, 1980.

Para *Vidas e doutrinas dos filósofos ilustres*, de Diógenes Laércio, partimos da tradução de Mário da Gama Koury, 1988, embora o caráter mais biográfico do que conceitual da obra nos tenha levado mais para a paráfrase do que para a citação literal.

Para o *Banquete* de Platão, citamos com pouquíssimas alterações a tradução de José Cavalcante de Sousa, 1972 (Col. Os Pensadores vol. III)

As citações da *República* de Platão são da tradução de Anna Lia Amaral de Almeida Prado.

De toda forma, sempre citamos em nota o texto grego, colhido das edições críticas, com suas notações clássicas de referência.

© Bruno Veiga

Nascido no Rio de Janeiro, em 1968, Fernando Santoro é graduado em Filosofia pela UFRJ e em Literatura e Civilização Francesa (Nancy III). É mestre e doutor em Filosofia pela UFRJ e pós-doutor em Filosofia pela Université Paris Sorbonne — Paris IV.

Autor de nove livros, Santoro atualmente é professor do Departamento de Filosofia da UFRJ, coordenador do projeto de pesquisa Laboratório OUSIA de Estudos Clássicos e integrante do GDR 1061 Vocabulaire Européen des Philosophies, dirigido por Barbara Cassin.

EDITORA OBJETIVA LTDA. Rua Cosme Velho, 103
Rio de Janeiro – RJ – Cep: 22241-090
Tel.: (21) 2199-7824 – Fax: (21) 2199-7825
www.objetiva.com.br

Coordenação editorial
Isa Pessoa

Capa e ilustração
Silvana Mattievich

Revisão
Ana Grillo
Raquel Correa
Rita Godoy

Editoração eletrônica
Abreu´s System

CIP-BRASIL. CATALOGAÇÃO-NA-FONTE
SINDICATO NACIONAL DOS EDITORES DE LIVROS, RJ

S232a

Santoro, Fernando
Arqueologia dos prazeres / Fernando Santoro. - Rio de Janeiro : Objetiva, 2007.
268p. - (Coleção Filosófica ; 3)

Inclui bibliografia
ISBN 978-85-7302-852-2

1. Prazer - Filosofia. 2. Prazer. I. Título. II. Série.

07-1318.

CDD: 171.4
CDU: 17.023.34

Conheça mais sobre nossos livros e autores no site
www.objetiva.com.br

Disque-Objetiva: (21) 2233-1388

Este livro foi impresso na
LIS GRÁFICA E EDITORA LTDA.
Rua Felício Antonio Alves, 370 – Bonsucesso
CEP 07175-450 – Guarulhos – SP – Fax: (11) 6436-1538
Fone: (11) 6436-1000 – e-mail: lisgrafica@lisgrafica.com.br